Unser Musikbuch
für die Grundschule

Quartett 3

Von
Peter Fuchs
Hermann Große-Jäger
Willi Gundlach
und der Verlagsredaktion Grundschule

Grafische Gestaltung:
Eva Raupp Schliemann (Aquarelle)
Dieter Gebhardt

Ernst Klett Schulbuchverlag
Stuttgart Düsseldorf Berlin Leipzig

Inhaltsübersicht 3. Schuljahr

	Anregungen zum Thema	Schb.S.	Tb. Nr.
Hallo, Freunde	Begegnung beim Tanzen und Musizieren ist Auftakt der Arbeit am Anfang des Schuljahrs. Der Singtanz hat einen A-Teil, der in Musik und Bewegung gleichbleibt. Dazwischen sind instrumentale Strophen mit unterschiedlichen Bewegungsformen zu zweit (BCDE…) eingeschoben. So lernt man eine Rondoform kennen. Auf einfachen Instrumenten können rhythmische Begleitformen hinzugefügt werden. Dabei wird die Viertelnote herausgestellt.	4	① Lied und Tanz
Im Herbst	Herbstbilder zeichnen den Erlebnishintergrund für die musikalischen Aktivitäten: ein Lied wird gesungen, getanzt und begleitet. Dabei spielt neben der Viertelnote die Achtelnote eine besondere Rolle. In dem Musikstück von Béla Bartók wechseln unterschiedliche Abschnitte: eine ruhige sangliche Hauptmelodie (A) mit lebhaften Zwischenspielen (B). Dem entsprechen unterschiedliche Bewegungen: Bänder schwingen und klatschen.	6	② Lied und Tanz ③ „Ein Abend auf dem Lande" von Bartók
Hexeneinmaleins	Hexereien im Kreis und beim Besenritt bilden den Rahmen für die Gestaltungsaufgaben mit Masken und Gesten, mit Stimmen und Instrumenten. Das Sprechspiel ist als große Steigerung angelegt. Die Hexen im Kreis vertiefen die gesprochene Steigerung mit Instrumenten und mit ihrer Darstellung. Das Lied von der Moorhexe regt ebenso zu intensiver Gestaltung an.	8	④ „Hexeneinmaleins" von Carl Orff ⑤ Lied
Tanzen auf der Brücke	Die Brücke verzaubert alle Menschen, die sie betreten. Sie müssen tanzen. Selbst die Brückenfiguren werden lebendig. Jede begleitet ihren Tänzer auf einem Instrument, so lange er auf der Brücke ist. So entsteht ein szenischer Ablauf, gegliedert durch die Ankündigung des Ansagers und die Liedstrophen. Die verschiedenen Begleitfiguren lassen unterschiedliche Notenwerte erfahren und fordern zum Vergleich auf. Die Halbe Note wird herausgestellt.	10	
Es wird Nacht	Sonnenuntergang, Mondaufgang, Nacht über Stadt und Land sind die Anregungen für Klangspiele. Sie werden mit Instrumenten und aus der Sprache heraus entwickelt. Gestaltungsprinzipien: lauter werden – leiser werden – verschiedene Instrumenten- und Vokalfarben – Sprechrhythmen. Die verschiedenen Geräusche und Klänge, die Sprechtexte und das Lied können einzeln gespielt werden. Man kann sie aber auch zu einem Klangbild zusammenfügen.	12	⑥ Klanggestaltung mit Liedmelodie
Sankt Martin	Das Brauchtumslied von Sankt Martin regt zu einem Gespräch über die Legende und ihre heutige Bedeutung an. Zu den charakteristischen Instrumenten im Martinszug gehören Trompete und Posaune. Der Klangeindruck, der beim Umzug oder durch das Tonbeispiel vermittelt wird, kann Anlaß sein, die beiden Instrumente vorzustellen. Im praktischen Umgang – z. B. mit der Schlauchtrompete – erfährt man die Grundprinzipien der Tonerzeugung.	14	⑦ Blaskapelle zum Martinsumzug mit Liedmelodie
Komm zu mir	Wenn man beim Tanzen und Dirigieren im Dreier den Impuls auf der Eins lebendig nutzt, dann entsteht Schwung und Freude an der Bewegung. Darum geht es beim Singen, Tanzen und Begleiten der beiden Lieder. Was in diesem Zusammenhang über „Takt" zu lernen ist, wird aus dem Erfahrenen abgeleitet.	16	⑧ Lied: Instrumentalfassung zum Tanzen
Hirtenlegende	Eine Weihnachtslegende von Selma Lagerlöf wird gestaltet. Ein Erzähler führt durch die Geschichte, und die einzelnen Personen sprechen mit verteilten Rollen. An geeigneten Stellen sind Strophen bekannter Lieder und musikalische Zwischenspiele vorgeschlagen. Selbstgemalte Bilder (Tageslichtprojektor) begleiten die Geschichte und verdeutlichen ihre Szenenfolge.	18	
Stern von Bethlehem	Die weihnachtlichen Bilder „Stern" und „Licht" sind in den beiden Liedern thematisiert. Zu einem Lied ist ein besinnlicher Tanz mit Lichtern vorgeschlagen. Aus den Fotos, den Tanznotationen und dem Text läßt sich eine Form herauslesen. Die Begleitung dieses Liedes kann man mit selbst gefundenem Text singen und mit Instrumenten spielen.	20	⑨ Lied und Tanz ⑩ Lied
Chinesischer Tanz	Die Darstellung des Theaters gibt den Blick frei auf die Bühne, auf der eine Szene aus dem Ballett „Nußknacker" stattfindet. Der „Chinesische Tanz" ist nicht nur von Ballett-Tänzern dargestellt, sondern auch so, wie Kinder ihn gestalten können. Aus den Details (Programm, Orchester, Dirigent etc.) ergeben sich viele Gesprächsanlässe. Die grafischen Zeichen unterstützen das Hören und Besprechen der kontrastreichen Musik und die Planung der eigenen Bewegungsgestaltung.	22	⑪ Aus „Der Nußknacker" Chinesischer Tanz von Peter Tschaikowsky

	Anregungen zum Thema	Schb. S.	Tb. Nr.
An der Haltestelle	Szenen an der Haltestelle werden gesungen, gesprochen und pantomimisch dargestellt. Verständigungsschwierigkeiten durch eine merkwürdige Nonsense Sprache im Kehrreim des Liedes sind der rote Faden. Der einfache harmonische Aufbau des Kehrreims bietet Ansätze für erste Begleitversuche mit der Gitarre und für das Kennenlernen des Instruments.	24	⑫ Lied
Vogel und Katze	Das musikalische Märchen „Peter und der Wolf" ist mit seinen wichtigsten Szenen und Akteuren ins „Bild" gesetzt. So entsteht der Zusammenhang für die ausgewählten Musikausschnitte und die farblich entsprechend hervorgehobenen Bildausschnitte. Die Arbeit mit diesen Szenen von Vogel und Katze verfeinert die Wahrnehmung für den Klangcharakter der beiden Instrumente – Querflöte und Klarinette – und ihre unterschiedlichen musikalischen Motive.	26	⑬ Aus „Peter und der Wolf" von Sergei Prokofiew
Musikalische Geisterstunde	Noten, die sich um Mitternacht in klingende, singende und tanzende Tongeister verwandeln, regen die Fantasie für eine musikalische Geisterstunde an. Das Lied zeichnet die Rahmenhandlung. Gongschläge geben das Zeichen für das Spiel der Tongeister in kleinen Gruppen. Sie finden sich zu Melodiebausteinen zusammen, gehen auseinander und bilden neue. Mit dem Ende der Geisterstunde muß jeder Ton wieder als Note zurück an seinen Platz im Fünf-Liniensystem. So kann spielerisch Grundwissen entstehen.	28	⑭ Lied und Klanggestaltung
Die Zauberflöte	Mit den Szenen des Puppenspiels wird ein Verständnisrahmen für die beiden Musikausschnitte aus der „Zauberflöte" hergestellt. Ein Erzähler beschreibt die Stationen, die Puppen agieren, an den entsprechenden Stellen im Ablauf werden die Musikbeispiele eingefügt: die Arie des lustigen Vogelfängers und die Musik des Zauberglockenspiels mit dem Lied der Häscher. Beide Beispiele kann man auch selbst singen und musizieren und durch die notierte Spielform musikalische Pausenwerte kennenlernen (Viertelpause).	30	Aus „Zauberflöte" von Mozart ⑮ a Der Vogelfänger… b Das klinget so…
Flug zum Mond	Eine Bildgeschichte vom Raumflug bildet die Vorlage für ein Hörspiel. Dieses beschränkt sich nicht auf gesprochene Dialoge, sondern lebt zum guten Teil von den verschiedenen Geräuschen und Klängen, die das Geschehen begleiten. Die Inszenierung mit Hilfe von Cassettenrecorder und Mikrofon vermittelt Einsicht in den Umgang mit diesen Medien.	32	⑯ Hörspielmaterial
Hörnerklang	Hörnerklänge in unterschiedlichen Zusammenhängen fordern zum Vergleich auf: die signalartige Melodie im Postillionlied mit der im Horn-Konzert von Mozart – das Horn des Postillions mit dem Horn, das der Solist im Konzert bläst. Beim Hören des Musikstücks kann man in einer Verlaufsdarstellung mitlesen und wird aufmerksam auf den Bauplan. Die Signale und Melodien können auch selbst gesungen und musiziert werden.	34	⑰ Aus dem „Hornkonzert" von Mozart
Im Irrgarten	Ein Irrgarten mit verschlungenen Pfaden regt an: zum Orientieren im Plan, zum Entdecken von Raumformen und zum Planen eigener Wege im Raum. Zur jeweils entsprechenden Musik vom Tonträger kann man gehen, laufen oder hüpfen.	36	⑱ Melodienfolge zum Tanzen
Liederquiz	Spielformen und -regeln, wie sie auch in Fernsehsendungen vorkommen, bilden den Rahmen für das Liederquiz: eine Erkennungsmelodie wird gespielt – aus einem Melodieteil soll der Liedtitel erkannt werden –, musikalische Merkmale (Schritte, Sprünge…) werden zugeordnet. Das Lied mit Vorspiel und Begleitform kann der musikalischen Umrahmung des Spiels dienen.	38	⑲ Liederquiz mit Liedanfängen
Gewitter	Das Gedicht vom Gewitter ist Anlaß zur Gestaltung einer Klanggeschichte mit Instrumenten und Stimmen. Auf drei Ebenen werden Anregungen gegeben: Die Bildfolge regt zum Erzählen an, die graphische Notation setzt das freie Klangspiel in Gang, eine „Notenpartitur" ist Grundlage für ein rhythmisches Sprechspiel.	40	
Reisen durch Europa	Fotos setzen die Reise durch Europa ins Bild: Städte- und Ländernamen sind gesucht zur Fortsetzung des gesungenen und gesprochenen Reise-Rondos. Die Eurovisionsmelodie mit Text (A-Teil) wird durch rhythmisierte Sprechpassagen abgelöst. Das Lied regt ein Bewegungsspiel mit Singen an. Der Auftakt wird so oft praktiziert, daß es naheliegt, ihn in Wort und Zeichen zu benennen.	42	⑳ Sing- und Sprechrondo. ㉑ Aus „Te Deum" von Charpentier ㉒ Lied
Liedanhang		44	
Alphabetisches Liederverzeichnis		48	

Hallo, Freunde

Ich spiele längere Töne als die Trommel.

A Hal-lo, Freun-de, singt mit mir! Hal-lo, Freun-de, spielt mit mir! Hal-lo, Freun-de, tanzt mit mir! rund-her-um im Krei-se.

Textfassung: Peter Fuchs, Melodie: volkstümlich aus den USA, © Klett

Singtanz mit instrumentalen Zwischenstrophen. Notenwert in der Bewegung erfahren, mit Instrumenten spielen und benennen.

Viertelnoten

B Klatsch mir in die Hände!

C Dreh dich rund im Kreise!

D Geh mit mir zur Mitte!

E Hüpf mit mir im Kreise!

Abfolge des Tanzes: A B A C A ... oder anders

Im Herbst

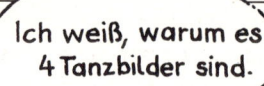

Textfassung: Gerhard Bünemann, Melodie: aus Dänemark, © Möseler

Leer sind die Fel - der, und voll ist die Scheu - ne,
Heut laßt uns schüt - teln die aller - letz - ten Bäu - me,

und der Mül - ler in der Müh - le mahlt das Korn zu Mehl.
dar - um sind die Bur - schen und die Mäd - chen so fi - del.

Recht die Fel - der ab, a - ber nicht zu knapp!

Vö - ge - lein und Mäuschen krie - gen auch noch et - was ab.

Lied begleiten und tanzen.
Unterschiedliche Abschnitte eines Musikstückes mit
Bänderschwingen oder Klatschen begleiten.

Achtelnoten

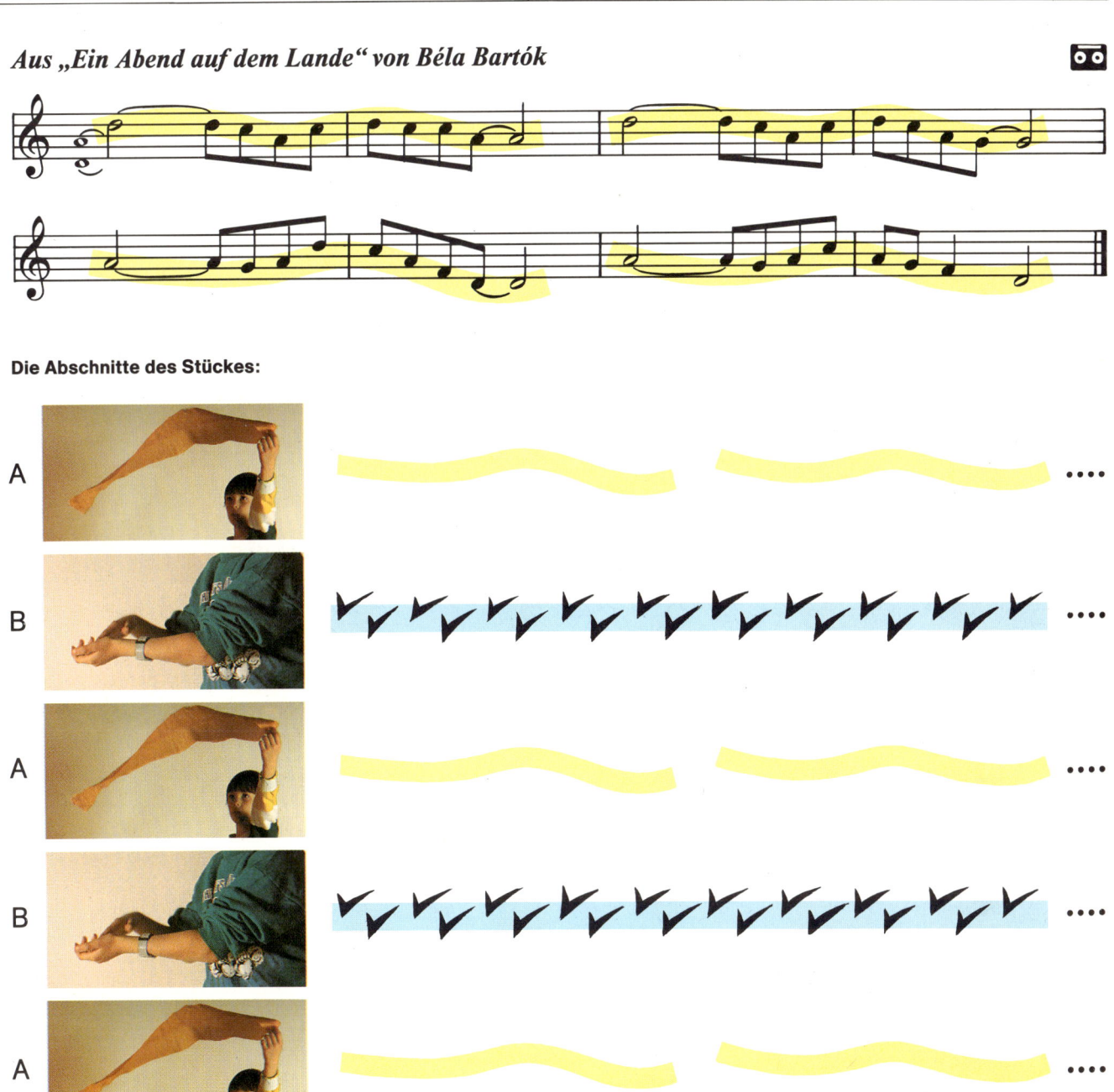

Aus „Ein Abend auf dem Lande" von Béla Bartók

Die Abschnitte des Stückes:

A

B

A

B

A

Hexeneinmaleins

Was hexen die Hexen im Zauberkreis?

von Johann Wolfgang von Goethe

Du mußt verstehn!
Aus 1 mach 10,
Und 2 laß gehn,
Und 3 mach gleich,
So bist du reich.
Verlier die 4!
Aus 5 und 6,
So sagt die Hex,
Mach 7 und 8,
So ist's vollbracht:
Und 9 ist eins,
Und 10 ist keins.
Das ist das Hexeneinmaleins.

Du mußt ver-stehn…

Du mußt ver-stehn…

Text aus Goethes Faust in Szene setzen und begleiten: Gestaltungsprinzip Steigerung.
Lied von der Moorhexe singen und gestalten.

Steigerung   immer lauter

1. Die alte Moorhexe hext im Teufelsmoor herum,
dreht sich wild im Tanze um, lacht sich schief und lacht sich krumm,
wenn die Tiere ängstlich wittern und die Kinder alle zittern;
hält die ganze Welt für dumm, hext herum, hext herum. Hu! Hu!

2. Gegen Mitternacht jedoch
fährt sie in ihr Hexenloch,
füttert ihre sieben Schlangen,
bringt den schnellen, starken, langen
Hexenbesen in den Stall,
scharrt und raschelt überall,
hält die ganze Welt für dumm,
hext herum, hext herum. Hu! Hu!

3. Bei dem Spuk in Moor und Sumpf
ging verlorn ihr Ringelstrumpf;
jener rote linksgestrickte Strumpf,
den ihre Schwester schickte,
hängt in einer Birke drin,
flattert einsam vor sich hin,
hält die ganze Welt für dumm,
hext herum, hext herum. Hu! Hu!

*Text: Margarete Jehn,
Melodie: Wolfgang Jehn,
© Eres*

Tanzen auf der Brücke

Ich tanze
als Großvater
über die Brücke.

Es tanzen alle Leute
auf dieser Brücke heute!
Clown Clown

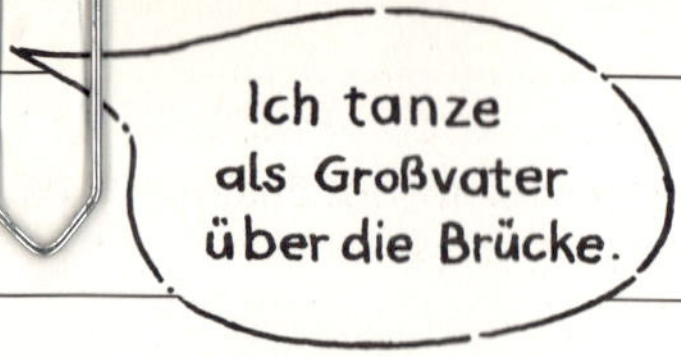

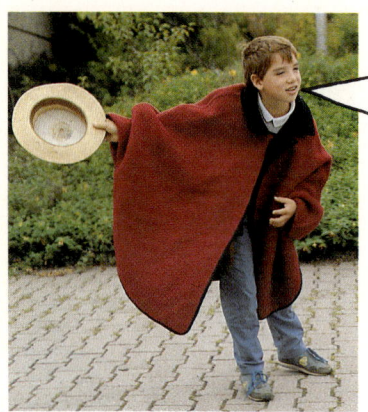

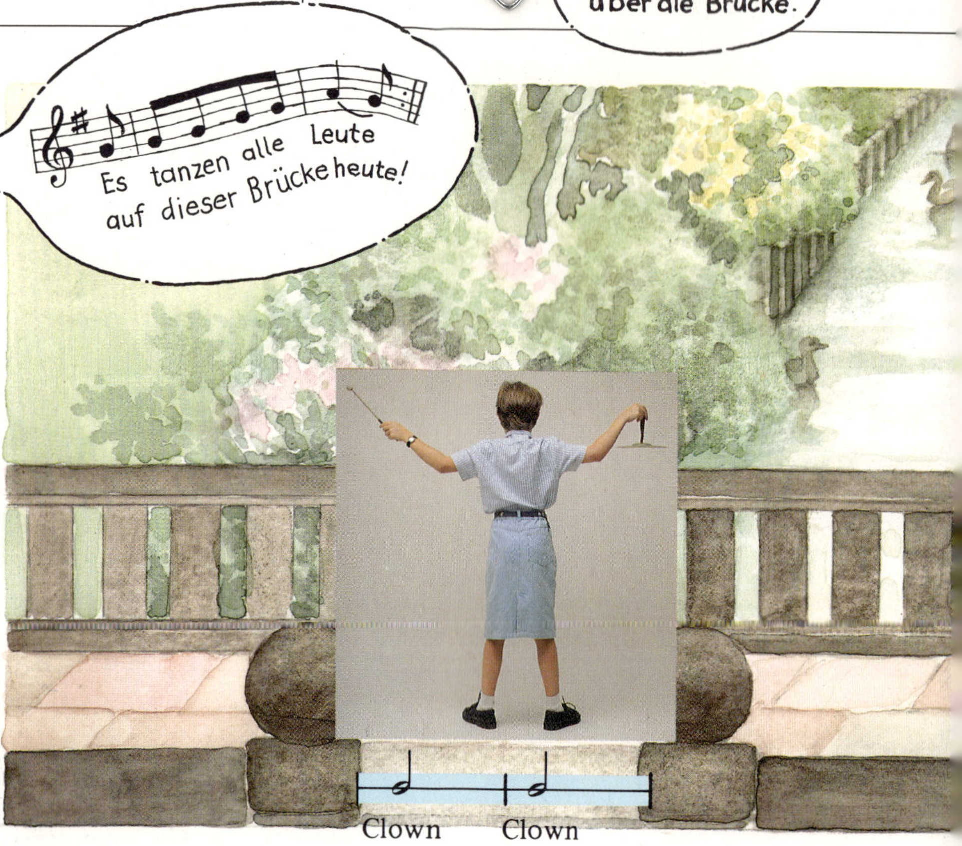

Wer kommt noch:
Hochzeitszug,
Musikkapelle,
Sportler
...

Textfassung: Peter Fuchs,
Melodie: aus Frankreich,
Satz: Peter Fuchs,
© Klett

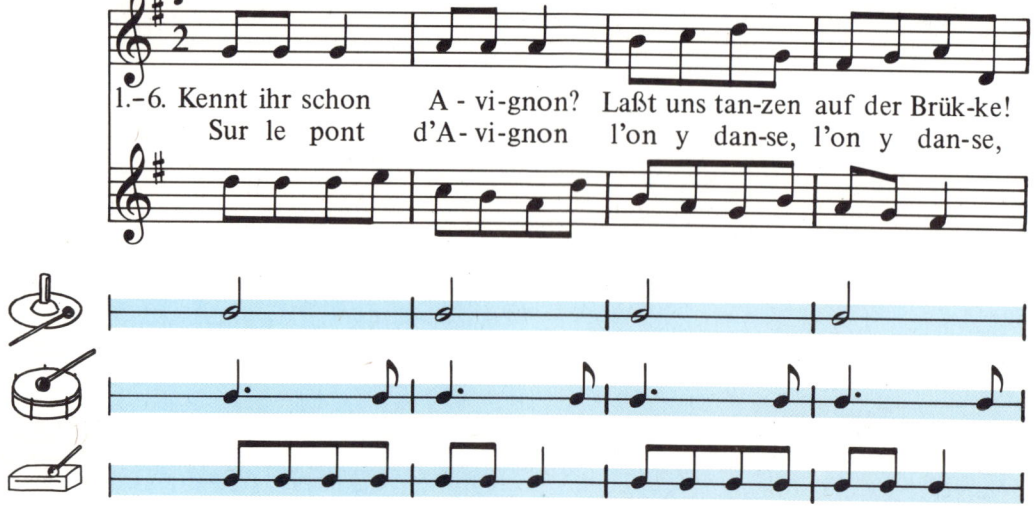

1.–6. Kennt ihr schon A - vi-gnon? Laßt uns tan-zen auf der Brük-ke!
Sur le pont d'A- vi-gnon l'on y dan-se, l'on y dan-se,

Lied singen, in Szene setzen und begleiten. Unterschiedliche Rhythmusbausteine in Begleitformen gezielt anwenden.	Halbe Note ♩ ♩

Bür - ger-mei - ster

Dame mit dem Regenschirm

Kennt ihr schon A - vi-gnon? Laßt uns tan-zen rund her-um!
sur le pont d'A - vi-gnon l'on y dan-se tout en rond.

Es wird Nacht

Ich habe ein Bilderrätsel mit Licht entdeckt.

Der Mond ist aufgegangen

Die goldnen Sternlein prangen am Himmel hell und klar

Vorspiel

1. Der Mond ist auf-ge-gan-gen,
   Der Wald steht schwarz und schwei-get,
   die goldnen Sternlein prangen am Himmel hell und klar.
   und aus den Wie-sen stei-get der wei-ße Ne-bel wunderbar.

Text: Matthias Claudius,
Melodie: Johann Abraham
P. Schulz

2. Wie ist die Welt so stille
   und in der Dämmrung Hülle
   so traulich und so hold!
   Als eine stille Kammer,
   wo ihr des Tages Jammer
   verschlafen und vergessen sollt.

3. Seht ihr den Mond dort stehen?
   Er ist nur halb zu sehen
   und ist doch rund und schön.
   So sind wohl manche Sachen,
   die wir getrost belachen,
   weil unsre Augen sie nicht sehn.

4. So legt euch denn, ihr Brüder,
   in Gottes Namen nieder;
   kalt ist der Abendhauch.
   Verschon uns, Gott, mit Strafen,
   und laß uns ruhig schlafen
   und unsern kranken Nachbarn auch.

Lied und Klangspiele gestalten und als Kantate miteinander verbinden.
Ein Prinzip der Gestaltung benennen.

 abnehmen  zunehmen

Sankt Martin

> Ich sehe die Posaune in der Blaskapelle.

Vorspiel:

1. Sankt Mar-tin, Sankt Mar-tin,

Text und Melodie: volkstümlich

Sankt Mar-tin ritt durch Schnee und Wind, sein Roß, das trug ihn fort ge-schwind.

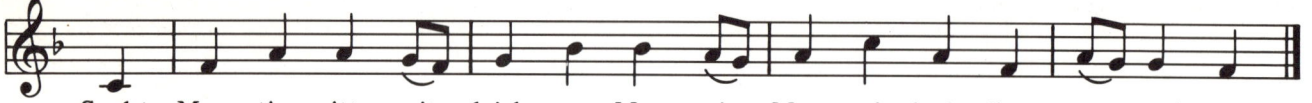

Sankt Mar-tin ritt mit leich-tem Mut, sein Man-tel deckt ihn warm und gut.

2. |: Im Schnee saß, :|
   im Schnee, da saß ein armer Mann,
   hatt' Kleider nicht, hatt' Lumpen an.
   „O helft mir doch in meiner Not,
   sonst ist der bittre Frost mein Tod!"

3. |: Sankt Martin, :|
   Sankt Martin zieht die Zügel an,
   das Roß steht still beim armen Mann.
   Sankt Martin mit dem Schwerte teilt
   den warmen Mantel unverweilt.

4. |: Sankt Martin, :|
   Sankt Martin gibt den halben still,
   der Bettler rasch ihm danken will.
   Sankt Martin aber ritt in Eil
   hinweg mit seinem Mantelteil.

Martinslied und Brauchtum. Zwei Blechblasinstrumente kennenlernen.	Mundstück Rohr Ventile

Die **Posaune** ist ein Blasinstrument aus Metall. Der Posaunist erzeugt verschiedene Töne, indem er das Rohr herauszieht oder hineinschiebt. Im Blechbläserchor spielt die Posaune die dunklen, tiefen Töne.

Auch die **Trompete** ist aus Metall. Der Trompeter kann verschiedene Töne blasen, wenn er die Ventile drückt. Die Trompete spielt unter den Blechbläsern die hellen, hohen Töne.

Auf der **Schlauchtrompete** könnt ihr ähnliche Töne wie auf den Blechblasinstrumenten erzeugen. Die beiden wichtigsten Teile der Trompete, der Posaune und der Schlauchtrompete sind das **Mundstück** und das **Rohr.** Wenn man das Rohr verlängert, wird der Ton tiefer; wenn man es verkürzt, wird der Ton höher.

Komm zu mir

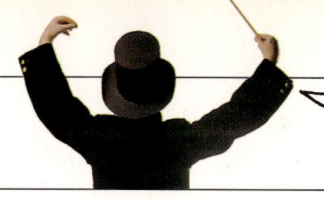

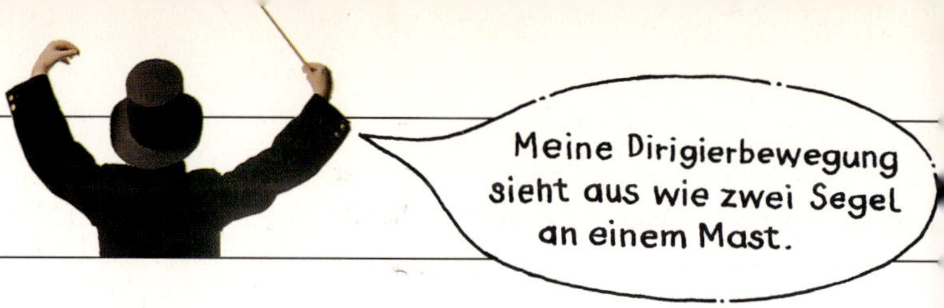
Meine Dirigierbewegung sieht aus wie zwei Segel an einem Mast.

A₁

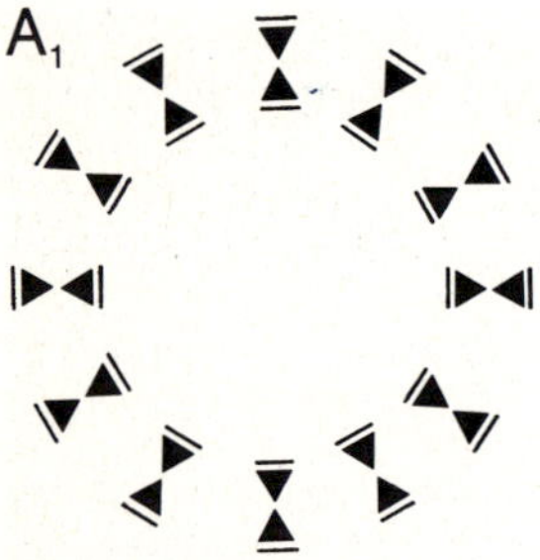

A₂

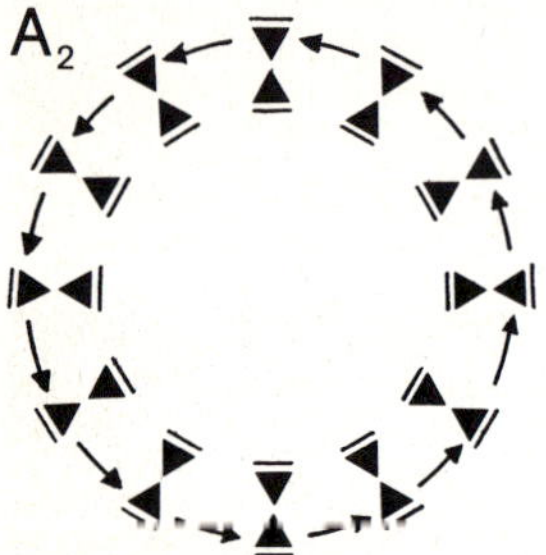

B

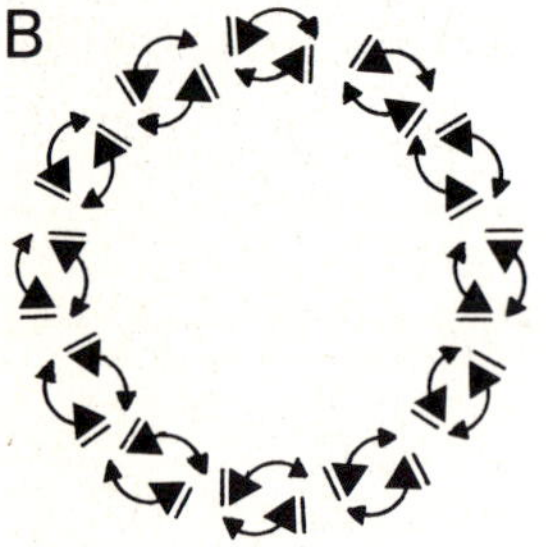

Text und Melodie: volkstümlich

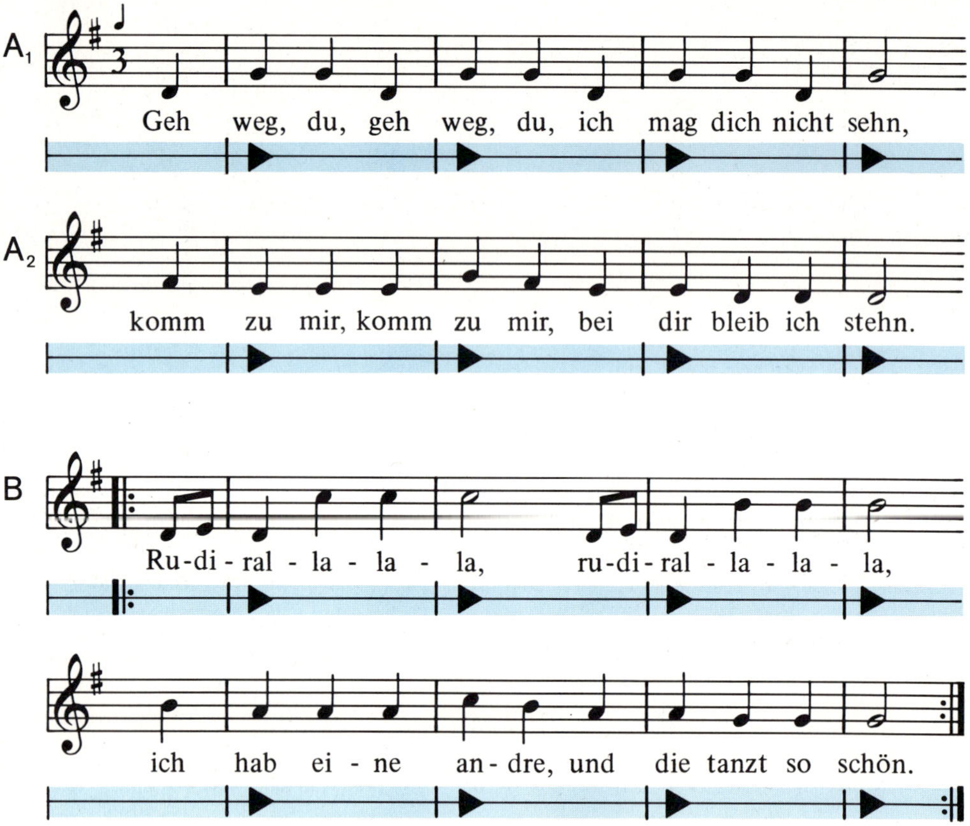
A1
Geh weg, du, geh weg, du, ich mag dich nicht sehn,
A2
komm zu mir, komm zu mir, bei dir bleib ich stehn.
B
Ru-di-ral-la-la-la, ru-di-ral-la-la-la,
ich hab ei-ne an-dre, und die tanzt so schön.

A₁

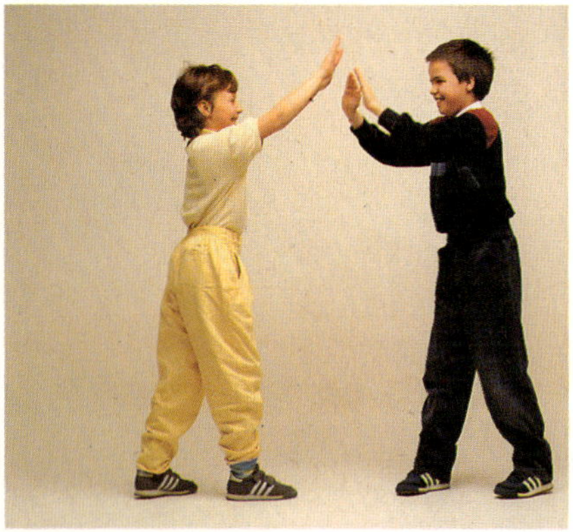

A₂

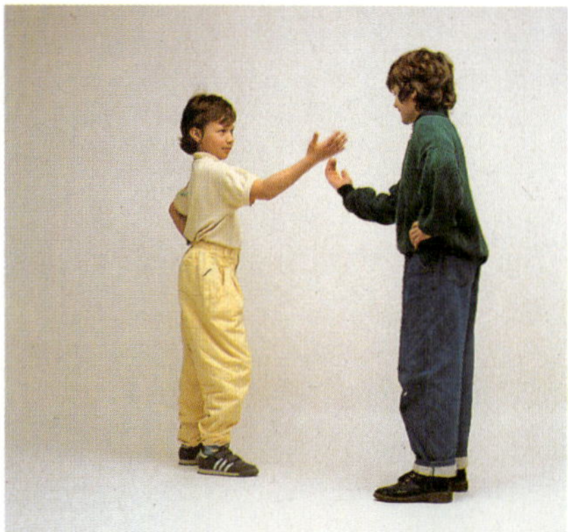

B

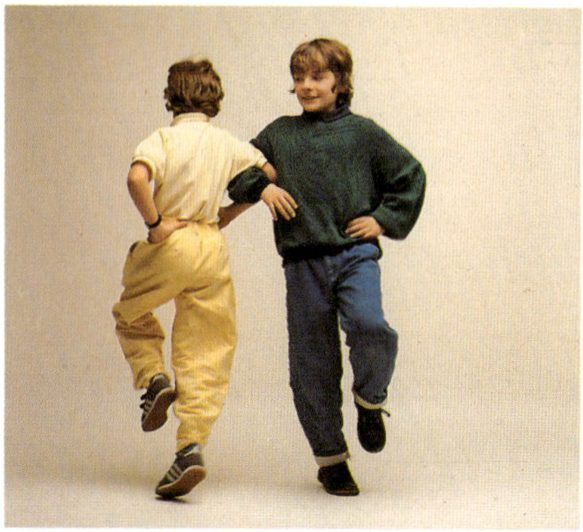

Lied im Dreiertakt tanzen, dirigieren und begleiten.
Betonung beim Dreiertakt bewußtmachen.

Dreiertakt
Taktstrich

Text und Melodie: volkstümlich

Hei - ßa, Ka - threi - ner - le, schnür dir die Schuh!
Schürz dir dein Rök - ke - le, gönn dir kein Ruh!

1 2 3 1 2 3

Dideldudeldadel schrumm, schr. schr. geht schon der Hop-ser rum.

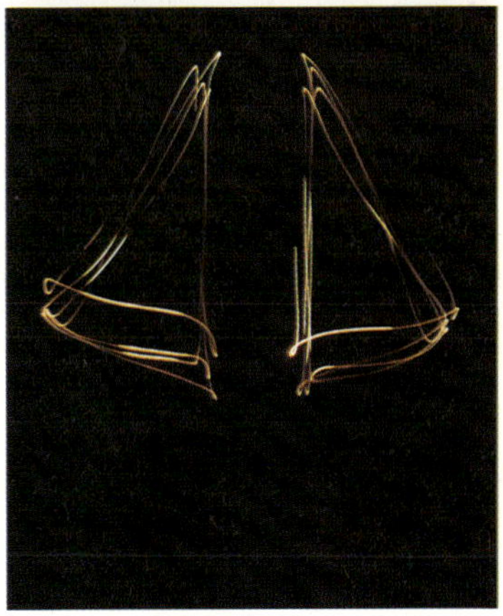

Hei - ßa, Ka - threi - ner - le, frisch im - mer - zu!

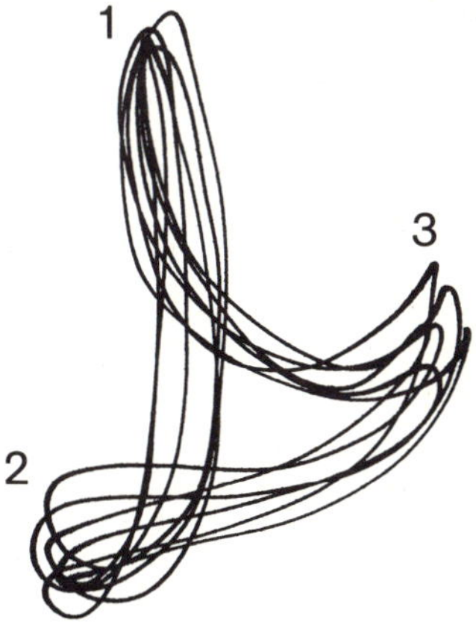

17

Hirtenlegende

Weihnachtsspiel nach einer Legende von Selma Lagerlöf

Flöten oder Summen

Erzähler — Das neugeborene Kindlein zitterte im Stall vor Kälte, und die Mutter Maria hatte selbst keine warmen Hände und steckte die Finger in ihr Brusttuch.

1. Gruppe singt (Melodie im Anhang)
> Das Kindlein, das zittert vor Kälte und Frost.
> Ich dacht mir, wer hat es denn also verstoßt,
> daß man auch heut, daß man auch heut
> ihm sonst keine andere Herberg anbeut?

Erzähler — Da nahm Vater Josef geschwind seinen Kapuzenmantel um und lief hinaus, um ein wärmendes Feuer zu holen. Vielleicht finde ich bei den Hirten draußen auf dem Felde ein Feuer, dachte er bei sich. Und richtig — dort leuchtete ihm aus der Nacht ein Haufen rotlodernder Glut entgegen. Drei Hirten saßen inmitten ihrer Herde um das Lagerfeuer und würfelten die Nachtwache aus.

Hirtengruppe singt
> Was soll das bedeuten? Es taget ja schon.
> Ich weiß wohl, es geht erst um Mitternacht rum.
> Schaut nur daher, schaut nur daher!
> Wie glänzen die Sternlein, je länger je mehr!

Erzähler Hintergrund: Tierstimmen

Zwei Hirten und Josef

Ein Hund hatte acht auf seine Schäflein, kein lebendiges Wesen ließ er in die Nähe der Hürden kommen. Aber als der heilige Josef an das Gehege trat und das Gatter öffnete, knurrte und bellte der Hund nicht, sondern wedelte zum Willkommen mit dem Schweif. Die Schäfer waren nicht wenig verblüfft und einer rief ihm von weitem entgegen: „Was führt dich zu uns?" „Gebt mir ein bißchen Feuer ab. Uns ist soeben ein Kindlein geboren, und es friert in der bitteren Winterkälte." „Wenn's weiter nichts ist als ein Flämmchen Feuer", meinte der Oberhirte, „dann nur immer zugegriffen!" „Aber he, alter Mann", sagte ein anderer, „worin willst du denn die Glut nach Hause tragen? Worein soll man sie dir tun?"

Erzähler und Hirten — Sankt Josef zog seine Kapuze ab, drehte den Zipfel wie eine Tüte zuammen und sagte: „Da hinein!" Da lachten die drei,

| Eine Weihnachtsgeschichte gestalten: mit verteilten Rollen, Liedern, Instrumenten und einer Bilderserie. | Verschiedene Rollen: Instrumentalisten Sänger, Erzähler |

daß es klang, als wenn Tontöpfe zersprungen wären und meinten: „Mit einem solchen Gefäß kommst du wohl nicht sehr weit. Das wird ja sofort lichterloh brennen." „Das ist meine Sorge", erwiderte der Heilige, „gebt mir nur rasch ein Feuerchen!" Und die Hirten holten Glut und schütteten das Feuer in die aufgehobene Kapuze, als wenn es Erdäpfel wären. Und als Josef wieder ging, da schauten ihm die Hirten verwundert nach, denn die Glut blieb wohlverwahrt in der Kapuze.

Auf einmal trat ein Engel zu den Hirten, und sie vernahmen seine Stimme: „Eilt nun und lauft zu dem Stall, in dem euer Feuerlein schon brennt. Dort findet ihr in der Futterkrippe auf bloßem Stroh ein neugeborenes Kind, und seine Mutter und sein Vater sind dabei. Betet das Kindlein an, denn es ist Gottes Sohn, betet und jubelt: Halleluja!" Und plötzlich verschwand der Engel, und über der Krippe erglänzte ein heller Stern.

> So gehet und nehmet ein Lämmlein vom Gras
> und bringet dem schönen Christkindlein etwas.
> Geht nur fein sacht, geht nur fein sacht,
> auf daß ihr dem Kindlein kein Unruh nicht macht.

Da machten die Hirten sich eilig auf den Weg und schauten im Laufen in ihre Hirtensäcke, ob sie dem himmlischen Kind nicht eine Gabe zu bringen hätten. Als sie in den Stall kamen, fanden sie alles, wie es der Engel verkündet hatte, und der heilige Josef kniete bei der Krippe und blies in das Feuerchen, das er in der Kapuze geholt hatte.

> 1. Josef, lieber Josef mein,
>   hilf mir wiegen das Kindelein,
>   Gott, der wird dein Lohner sein
>   im Himmelreich, der Jungfrau Sohn Maria.
>
> 2. Gerne, liebe Maria mein,
>   helf ich dir wiegen das Kindelein.
>   Gott, der wird mein Lohner sein
>   im Himmelreich, der Jungfrau Sohn Maria.

Metallklänge und Flötenmelodie (Lied im Anhang)

Erzähler und Engel

2. Gruppe singt

Erzähler

Maria singt (Melodie und Begleitung im Anhang)

Josef singt

Stern von Bethlehem

Drei Männer hatten auch den Stern von Bethlehem als Reiseführer.

zur 1. Strophe

1. Strophe: Licht holen
langsam gehen

2. Strophe: gehen

3. Strophe:
Das Licht einem anderen geben.
Eine neue Gruppe tanzt, die anderen singen und spielen.

Vorspiel und Begleitung:

Text und Melodiefassung nach einem ostafrikanischen Lied: Friedrich Walz, © Verlag ev. lutherische Mission, Satz: Willi Gundlach.

1. Kommt her-bei, groß und klein,
schaut an das Wun-der, das ge-schah,
Gott sel-ber ist als Kind uns nah.
Kommt her-bei, groß und klein, seht den hel-len Freu-den-schein.

2. und 3. Strophe im Anhang.

Lieder gestalten mit Vorspiel und Begleitung.
Lichtertanz schreiten.

| in die Mitte gehen  | auf der Kreisbahn gehen  |

zur 2. Strophe

Text und Melodie: Alfred Hans Zoller, © Bosse

1. Stern über Bethlehem, zeig uns den Weg,
führ uns zur Krippe hin, zeig, wo sie steht,
leuchte du uns voran bis wir dort sind,
Stern über Bethlehem, führ uns zum Kind!

2. Stern über Bethlehem, bleibe nicht stehn.
Du sollst den steilen Pfad vor uns her gehn!
Führ uns zum Stall und zu Esel und Rind,
Stern über Bethlehem, führ uns zum Kind!

3. Stern über Bethlehem,
nun bleibst du stehn
und läßt uns alle
das Wunder hier sehn,
das da geschehen,
was niemand gedacht,
Stern über Bethlehem
in dieser Nacht.

4. Stern über Bethlehem,
wir sind am Ziel,
denn dieser arme Stall
birgt doch so viel!
Du hast uns hergeführt,
wir danken dir.
Stern über Bethlehem,
wir bleiben hier!

Zu einem Musikstück ein Tanzspiel finden. Die Notation beim Hören und Planen des Tanzes einsetzen. Mit Musik und Tanz im Theater bekanntmachen.

Gegensätze

An der Haltestelle

Text: Ortfried Pörsel, Melodie: Heinz Lemmermann, © Fidula

1. Ge-stern an der Hal-te-stel-le sah ich ei-nen Mann, der ging auf ei-nen an-dern zu und sprach ihn freund-lich an:

Oh! Porto packa …

> *Sprechen:*
> Der andre sprach:
> „Bedaure sehr! Ich höre leider etwas schwer.
> „Kann gar nichts verstehn, doch da steht einer, fragen Sie den!"
Singen:

2. Kurz entschlossen ging der Fremde zu dem zweiten Mann;
   er zog sehr höflich seinen Hut und sprach ihn freundlich an: „Oh! Porto …
   > Der zweite sagte ihm ganz schlicht: „Ich spreche Ihre Sprache nicht.
   > Kann gar nichts verstehn; doch da kommt einer, fragen Sie den!"

3. Ohne Zögern ging der Fremde zu dem dritten Mann;
   der kam gerade dort vorbei, den sprach er freundlich an: „Oh! Porto …
   > Der dritte aber lachte nur und zeigte seine Armbanduhr:
   > „Oh! Porto packa morto macka schnuddelda baddeldi bing.
   > Rata pata mata puti multi pata ping."

4. Lachend gingen alle beide weiter in die Stadt,
   und nun weiß ich, was der Fremde da geredet hat: „Oh! Porto …

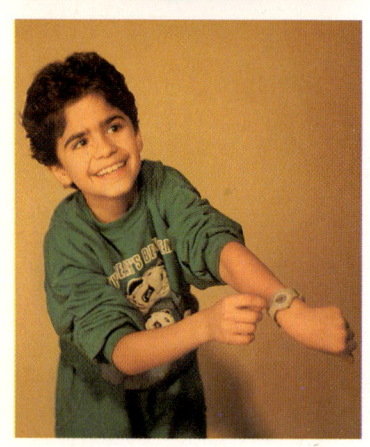

| Lied in Szene setzen: Pantomimischer Ausdruck. Gitarre kennenlernen. | Gitarre: Klangkörper, Saiten, Wirbel, Bünde |

Oh!   Porto packa   morto macka   schnuddelda baddeldi   bing!
Oh!   Vicolati   resoluto   multi pata   ping.

Vogel und Katze

Wo ist denn die Ente am Ende geblieben?

Die **Querflötenspielerin** legt die Flöte beim Mundloch an ihre Lippen. Sie bläst einen Luftstrom – so dünn wie eine Stecknadel – gegen die Mundlochkante. Dadurch fängt die Luft im Rohr an zu schwingen. Wir hören einen Ton. Dasselbe geschieht, wenn das Kind gegen die Kante des Bambusrohres bläst.

Aus dem musikalischen Märchen „Peter und der Wolf" von Sergei Prokofiew

Szenen aus dem musikalischen Märchen nach Bildern erzählen, hören und spielen.
Instrumente näher kennenlernen.

Klarinette
Flöte

Der **Klarinettenspieler** nimmt das Mundstück zwischen die Lippen. Das Rohrblatt, das auf dem Mundstück befestigt ist, fängt an zu schwingen, wenn der Spieler bläst. Dadurch fängt auch die Luft im Rohr an zu schwingen. Wir hören einen Ton. Dasselbe geschieht, wenn das Kind den Grashalm zum Schwingen bringt.

Musikalische Geisterstunde

> Hihiii!
> Um 1 müssen alle Tongeister wieder an ihren Platz.

1. Wer hat so graus - lig da ge - lacht?

hi hiiihi hiiihi hiiiiiiiiii

Wer pol - tert da in dunk - ler Nacht?

ron domrondomron dommmm

Der Die - len - bo - den knarrt und kracht,

Ge - spen - ster sind grad auf - ge - wacht.

2. Sie tanzen den Gespenstertanz,
fuingfuingfuing
der Mond schickt seinen Geisterglanz.
lilanglilanglilang
Gewänder wehn beim Mondscheintanz,
sie spielen mit dem Lichterglanz.

Text und Melodie: Katharina Kemming, © Klett

28

Lied inszenieren. Melodiebausteine auf Klangstäben spielen und mit Tongeistern tanzen.
Töne und ihre Namen dem Notensystem zuordnen.

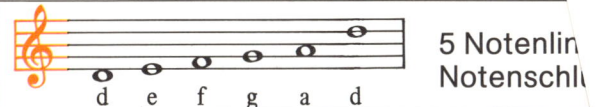

5 Notenlin
Notenschl

Das Licht geht an,
der Spuk ist aus.
Vorbei ist jetzt der Geistergraus!

Die Zauberflöte

Das muß doch Zauberglockenspiel heißen!

1

2

<mark>Papageno</mark> fängt Vögel für die Königin der Nacht. Er lockt sie mit eigenartigen Vogelrufen oder spielt auf seiner Pan-Flöte.

Die Tochter der Königin ist im Schloß Sarastros gefangengehalten.

<mark>Tamino,</mark> ein tapferer Prinz, will sie befreien. Papageno begleitet ihn.

Papageno hat <mark>Pamina</mark> im Palast gefunden und will mit ihr fliehen. Doch der Wächter <mark>Monostatos</mark> hat alles bemerkt und droht, beide zu fesseln.

In höchster Not erinnert sich Papageno an sein Zauberglockenspiel. Er spielt, und die Wächter tanzen und singen nach seiner Melodie.

Aus der Oper „Die Zauberflöte" von Wolfgang Amadeus Mozart

Der Vogelfänger bin ich ja,
stets lustig, heißa, hopsassa!
Ich Vogelfänger bin bekannt
bei alt und jung im ganzen Land.
Weiß mit dem Locken umzugehn
und mich aufs Pfeifen zu verstehn.

Drum kann ich froh und lustig sein,
denn alle Vögel sind ja mein.

Vier szenische Ausschnitte aus der Oper kennenlernen und mit Puppen spielen.
Die abgedruckten Lieder mitsingen und spielen.

Viertelpausen

3

4

Das klin-get so herr-lich, das klin-get so schön.
La-ra-la, la-la la-ra-la-la-la, la-ra-la.

31

Flug zum Mond

Ich weiß, wo bei diesem Cassettenrecorder das Mikrophon ist.

„Ich spreche aus dem Kontrollzentrum in ... Es sind nur noch wenige Augenblicke bis ... des Raumschiffes ... Die Motoren werden angeschaltet ..."

„Wir übertragen den Funkverkehr zwischen Bodenstation und Raumschiff. Es befindet sich jetzt über ... hören Sie selbst ..."

Start des Raumschiffs
- Küchenmixer anschalten,
- zählen: 10 9 8 7 6 5 4 3 2 1 Start,
- aus einem Fahrradschlauch Luft herauslassen,
- auf einem Flötenkopf blasen: zuerst zuhalten, dann langsam aufmachen.

Funkverkehr zwischen Erde und Raumschiff
Grundgeräusch beim Fliegen:
- Summen der ganzen Klasse auf verschiedenen Tonhöhen,
- unregelmäßig dazu: Morsezeichen mit dem Flötenkopf oder der Stimme – di di di da – di di daa daa dit dit,
- Kennmelodien von Sendern oder Pausenzeichen.

Eine Bildgeschichte als Anregung für ein Hörspiel.

 Aufnahme Rücklauf Wiedergabe Vorlauf

„Unser Raumschiff landet genau nach Plan um 0 Uhr 54. Für eine Weile werden wir den Funkkontakt verlieren.' – Jetzt meldet sich unser Raumfahrer ... Er und der Roboter machen sich an die Arbeit ..."

„Die Arbeiten sind erfolgreich abgeschlossen. Der Raumfahrer und der Roboter sind wieder an Bord. Gleich beginnt der Rückflug. Der Kapitän wird sich gleich wieder melden. – Merkwürdige Geräusche – da gibt es wohl eine Störung ..."

Mensch und Roboter auf dem Mond
– Sprechen in ein langes Rohr, das in einer Vase steht,
– sprechen in einen Eimer,
– Mensch und Roboter sprechen abwechselnd,
– Schwebeklänge zum Untermalen der Bewegungen,
– Reibeklänge zum Untermalen der Arbeiten.

Rückflug zur Erde
– halbvolle Sprudelflasche schütteln und vor dem Mikrofon aufmachen,
– Luft aus einem Luftballon herauslassen,
– mit einer Drahtbürste auf einem Kuchenblech reiben – näher und ferner vom Mikrofon.

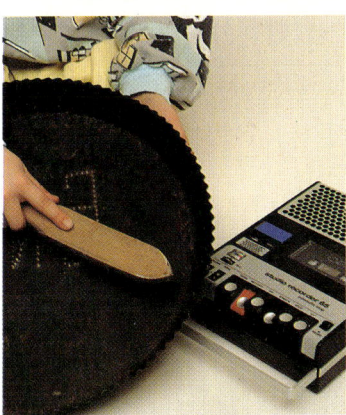

33

Hörnerklang

Wie bringt der Postillion die verschiedenen Töne zustande?

Die Postkutsche war in früheren Zeiten das öffentliche Verkehrsmittel, die Eisenbahn der alten Zeit.

Der Postkutscher hatte ein Horn, um Signale geben zu können. Die Leute an den Poststationen wußten, was sie bedeuten, z. B.:

Ankunft und Abfahrt der normalen Postkutsche

Ankunft und Abfahrt der Schnellpost

Text und Melodie: volkstümlich

1. Tra-ra, die Post ist da, tra-ra, die Post ist da.
   Es bläst sein Lied der Po-stil-lion, man hört sein Lied von weitem schon.
   Tra-ra, die Post ist da, tra-ra, die Post ist da.
   Tra-ra, tra-ra, tra-ra, tra-ra, tra-ra, die Post ist da.

2. Trara, die Post ist da.
   Die Pferde kommen trippeltrab
   in schnellem Lauf den Berg herab.
   Trara, die Post ist da.

3. Trara, die Post ist da.
   Der Postillion ist schon zur Stell',
   und jeder hat sein Brieflein schnell.
   Trara, die Post ist da.

Lied und Musikstück kennenlernen: Melodien und die Instrumente vergleichen. Ablauf des Stückes mitlesen und Thema mitsingen.	Posthorn Konzerthorn

Aus dem „Hornkonzert" von Wolfgang Amadeus Mozart

Thema

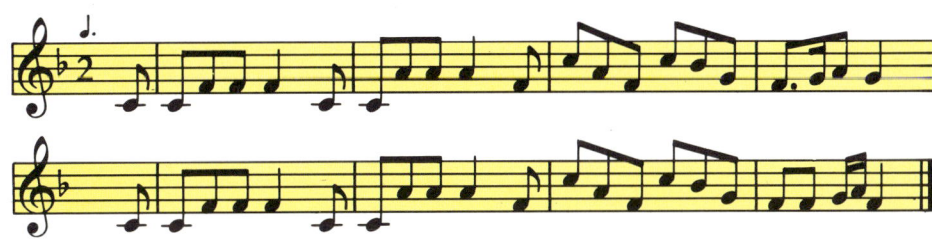

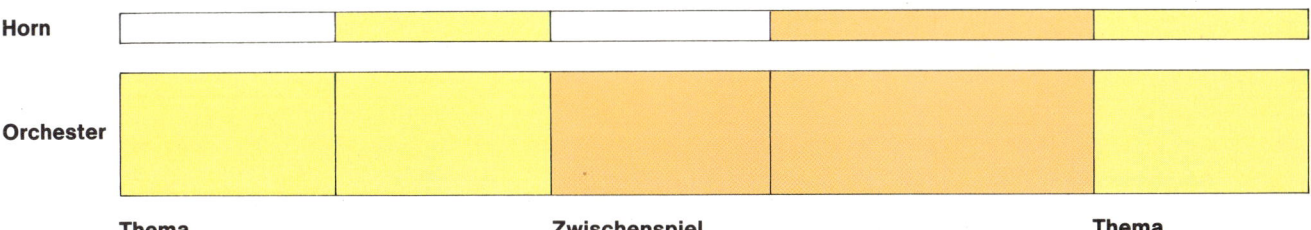

35

Im Irrgarten

"Ich gehe zuerst die Schnecke, dann die 8."

"In dem Park geht das aber nicht!"

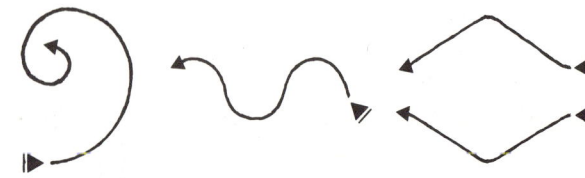

Zu Musik gehen, laufen, hüpfen. Die Raumformen für den Tanz aus dem Parkbild ablesen und Abläufe planen.

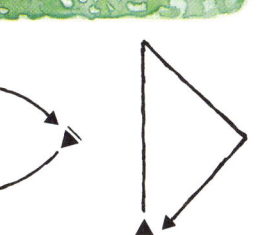

Wege gehen

Liederquiz

Ich habe eine neue Erkennungsmelodie für unsere Sendung komponiert.

Wie heißt das Lied?

Welche Merkmalkarten passen dazu?

Welches Notenbild gehört dazu?

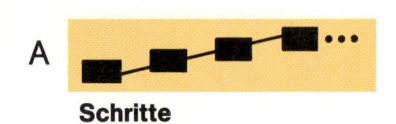

A **Schritte**

B **Sprünge**

C **aufwärts**

D **abwärts**

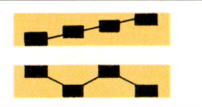

Liederquiz spielen.
Lied mit Begleitung erarbeiten.
Erkennungsmelodien erfinden.

Schritte aufwärts
Sprünge aufwärts u. abwärts

Erkennungsmelodie/Vorspiel/Begleitung:

I - a, I - a, Kuk-kuck, Kuk-kuck, I - a!

1. Der Kuk-kuck und der E-sel, die hat-ten ei-nen Streit,
wer wohl am be-sten sän - ge, wer wohl am be-sten sän - ge,
zur schö-nen Mai-en - zeit, ___ zur schö-nen Mai-en - zeit.

Text: A. H. Hoffmann von Fallersleben,
Melodie: Karl Friedrich Zelter,
Vorspiel/Begleitung: Willi Gundlach

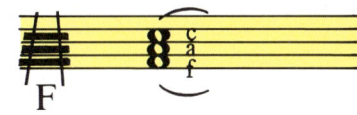

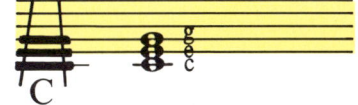

Begleitung mit mehreren Tönen:

2. Der Kuckuck sprach: „Das kann ich!"
und hub gleich an zu schrein.
|: „Ich aber kann es besser!" :|
|: fiel gleich der Esel ein. :|

3. Das klang so schön und lieblich,
so schön von fern und nah.
|: Sie sangen alle beide: :|
|: „Kuckuck, Kuckuck, ia!" :|

Gewitter

Wie klingt ein Blitz?

			♫ ♫ ♫ ♫ Viele kleine Regentropfen
		♩ ♩ ♩ ♩ Blitz und Don - ner	
	♩ ♩ Wol - ken		
Wind			

Ein Gedicht, eine Bildgeschichte, eine Notation zur Klanggeschichte und ein Sprechspiel mit exakten Notenwerten gestalten.

Ganze Note

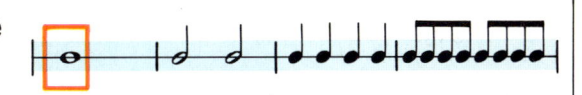

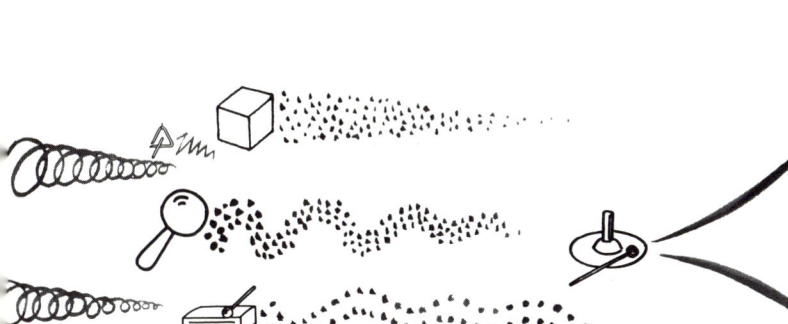

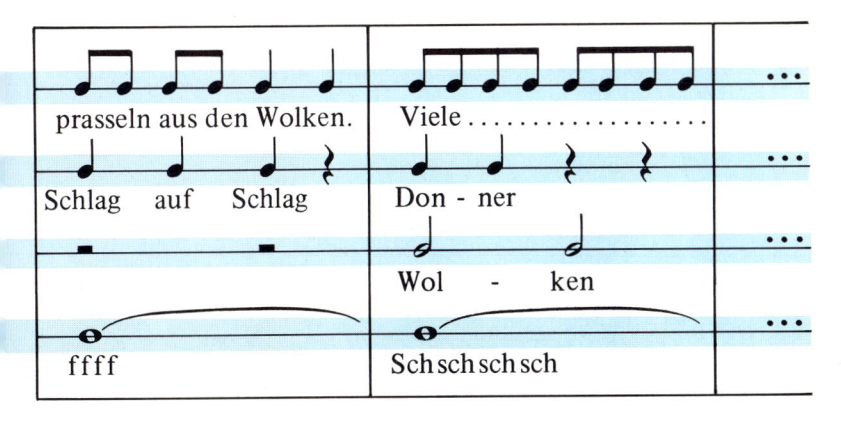

Das Gewitter

Hinter dem Schloßberg kroch es herauf.
Wolken – Wolken!
Wie graue Mäuse,
ein ganzes Gewusel.
Zuhauf
jagten die Wolken gegen die Stadt.
Und wurden groß
und glichen Riesen
und Elefanten
und dicken, finsteren Ungeheuern,
wie sie noch niemand gesehen hat.
„Gleich geht es los!"
sagten im Kaufhaus Dronten
drei Tanten
und rannten heim,
so schnell sie konnten.
Da fuhr ein Blitz
mit hellichtem Schein,
zickzack,
blitzschnell
in einen Alleebaum hinein.
Und ein Donner schmetterte hinterdrein,
als würden dreißig Drachen
auf Kommando lachen,
um die Welt zu erschrecken.
Alle Katzen in der Stadt
verkrochen sich
in die allerhintersten Stubenecken.
Doch jetzt ging ein Platzregen nieder!
Die Stadt war überall
nur noch ein einziger Wasserfall.
Wildbäche waren die Gassen.

Plötzlich war alles vorüber,
die Sonne kam wieder
und blickte vergnügt
auf die Dächer, die nassen.

Josef Guggenmos,
© *Österreichischer Bundesverlag*

prasseln aus den Wolken.	Viele ....
Schlag auf Schlag	Don - ner
	Wol - ken
ffff	Sch sch sch sch

41

Reisen durch Europa

Ich reise in die Stadt mit dem schiefen Turm.

Ich reise in das Land, wo man „Kalimera" sagt.

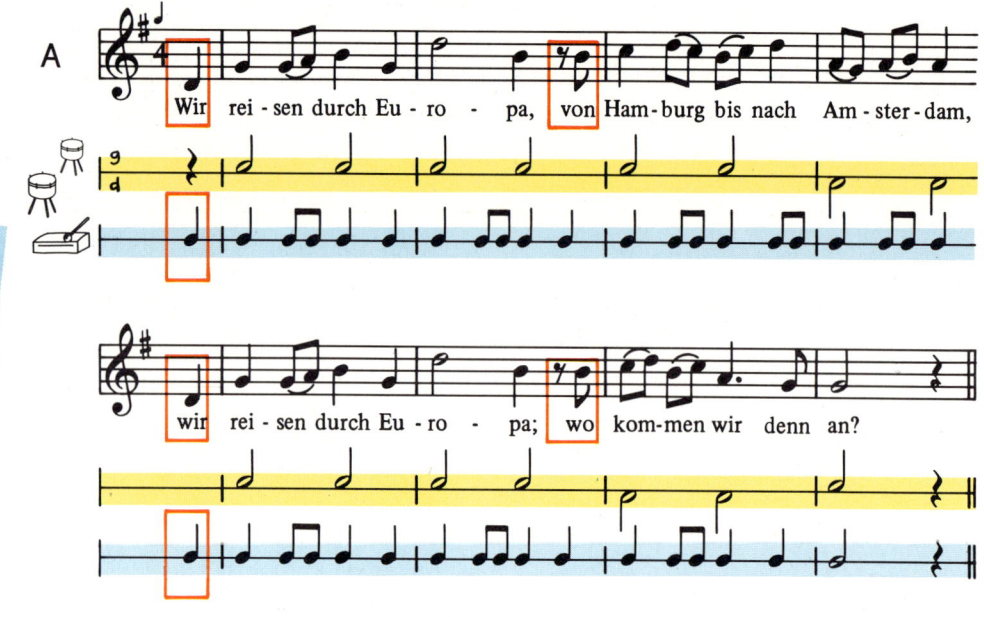

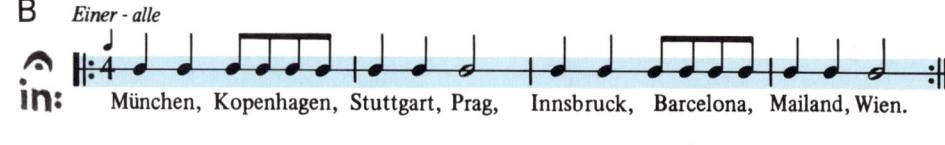

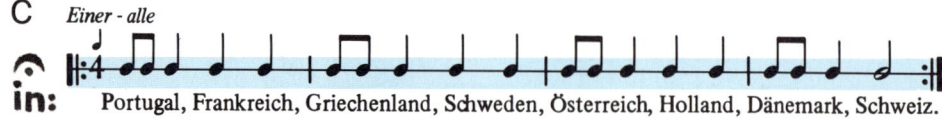

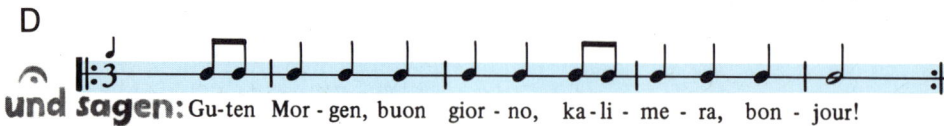

A Wir rei-sen durch Eu-ro-pa, von Ham-burg bis nach Am-ster-dam, wir rei-sen durch Eu-ro-pa; wo kom-men wir denn an?

B *Einer – alle*
in: München, Kopenhagen, Stuttgart, Prag, Innsbruck, Barcelona, Mailand, Wien.

C *Einer – alle*
in: Portugal, Frankreich, Griechenland, Schweden, Österreich, Holland, Dänemark, Schweiz.

D und sagen: Gu-ten Mor-gen, buon gior-no, ka-li-me-ra, bon-jour!

Rondo: A B A C A D A

Melodie aus „Te Deum" von Marc Antoine Charpentier – auch Kennmelodie für Eurovisionssendungen, Textierung: Autoren, © Klett

Reisespiel mit Eurovisionsmelodie und rhythmischen Sprechteilen.

Rondo: ABACA   Auftakt

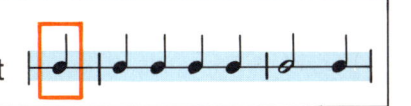

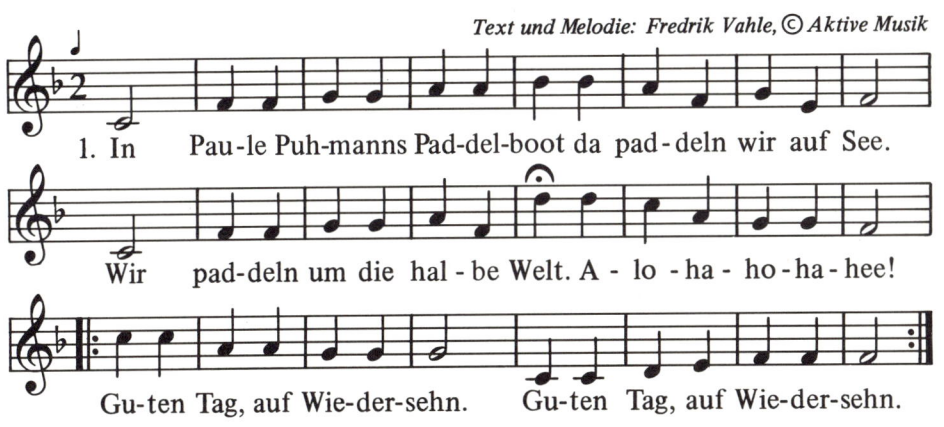

Text und Melodie: Fredrik Vahle, © Aktive Musik

1. In Paule Puhmanns Paddelboot da paddeln wir auf See.
Wir paddeln um die halbe Welt. A-lo-ha-ho-ha-hee!
Guten Tag, auf Wiedersehn. Guten Tag, auf Wiedersehn.

2. In Portugal, da winkte uns
die Anabela zu.
Die fragte: „Darf ich mit euch mit?"
„Na klar, was denkst denn du!"
Bom dia, adeus!
Guten Tag, auf Wiedersehn! ...

3. In Spanien war es furchtbar heiß,
da stieg der Pedro zu.
Der brachte Apfelsinen mit,
die aßen wir im Nu.
Buenas dias, hasta la vista!
Guten Tag, auf Wiedersehn!

4. Und in Italien war'n wir auch,
da kam die Marinella.
Die brachte Tintenfische mit
auf einem großen Teller.
Buon giorno, arrivederci!
Guten Tag, auf Wiedersehn! ...

5. Als wir in Jugoslawien war'n,
kam einer angeschwommen,
und der hieß Janko Jezovŝek.
Wir ham ihn mitgenommen.
Dobar dan, dovi dschenja,
Guten Tag, auf Wiedersehn!

6. Und rund um den Olivenbaum,
da tanzten wir im Sand.
Wir nahmen den Wasili mit,
das war in Griechenland.
Kali mera, jassu, jassu!
Guten Tag, auf Wiedersehn! ...

7. Dann fuhr'n wir weiter übers Meer
bis hin in die Türkei.
Von da an war'n auch Ahmet und
die Ayse mit dabei.
Merhaba, güle, güle!
Guten Tag, auf Wiedersehn!

8. Und als wir dann nach Hamburg kamen,
stand Paule Puhmann da
und rief: „Verflixt und zugenäht!
Mein Paddelboot ist da!"
Guten Tag, auf Wiedersehn!
Bom dia, adeus!
Buenas dias, hasta la vista!
Buon giorno, arrivederci!
Dobar dan, dovi dschenja!
Kali mera, jassu, jassu!
Merhaba, güle, güle ...

Lied-anhang

Vor dem Lied:

1. Guten Morgen
2. Guten Morgen
3. Guten Morgen

Text: Erich Colberg,
Melodie: Hans Poser,
© Fidula

1. Guten Morgen, liebe Sonne, guten Morgen, lieber Tag,
alle Lerchen im Himmel, alle Blumen im Hag,
alle Blumen im Hag. Guten Morgen, guten Morgen,
guten Morgen, lieber Tag.

2. Alle Blumen, alle Vögel, alle Kinder sind schon wach,
alle singenden Lerchen |: und der Spatz unterm Dach. :|
|: Guten Morgen, :| guten Morgen, lieber Tag!

3. Bring uns Freude, soviel Freude, wie es Blumen gibt im Feld,
und ein Lied auch am Abend, |: das dem Herrgott gefällt. :|
|: Guten Morgen, :| guten Morgen, schöne Welt.

Text: Erasmus Alber (1506-1553),
Melodie: Nikolaus Hermann (1480-1561)

1. Steht auf, ihr lieben Kinderlein!
Der Morgenstern mit hellem Schein
läßt sich frei sehen wie ein Held
und leuchtet in die ganze Welt.

2. Sei uns willkommen, lieber Tag,
vor dir die Nacht nicht bleiben mag;
leucht uns in unsre Herzen fein
mit deinem himmlischen Schein!

1. Bitte, gib mir doch ein Zuckerstückchen für mein kleines Pony!
„Danke" wiehert dann mein Ponypferdchen mit dem Namen Jony.
1.–3. Weit übers Land wird mein Pferdchen heute traben.
Und dann soll's zum Lohne ein Zuckerstückchen haben haben.

Schlagwerk (durchs ganze Lied):

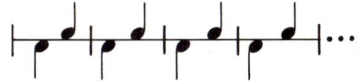

Kehrreim:

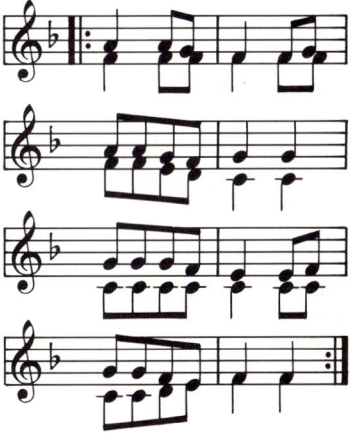

2. Sattel' mir mein Pony früh am Morgen, wenn es taut vom Himmel,
   wenn im Hof sich alle Pferde tummeln, Rappe, Fuchs und Schimmel.

3. Meinem Jony noch ein Zuckerstückchen und dann geht's ins Weite.
   Und das Ponypferdchen wiehert, wenn ich singe, wenn ich reite.

Text: Lieselotte Holzmeister,
Melodie: Heinz Lemmermann,
Satz: Willi Gundlach.
© Fidula

1. Hans Spielmann, der hat eine einzige Kuh.
Verkauft seine Kuh, kriegt 'ne Fiedel dafür, für.
1.–4. Du gute, alte Violin, du Violin, du Fiedel mein.

2. Hans Spielmann, der spielt, und die Fiedel, die singt,
   das Mädel tut weinen, der Bursche, der springt.

3. Und werd' ich so alt wie der älteste Baum,
   ich tauscht' für 'ne Kuh meine Fiedel wohl kaum.

4. Und werd ich so alt wie das Moos auf dem Stein,
   ich tauscht' für 'ne Kuh meine Fiedel nicht ein.

Verfasser des deutschen Textes:
unbekannt,
Melodie: aus Norwegen

Text, Melodie und Satz: volkstümlich

1. Was soll das bedeuten? Es taget ja schon.
   Ich weiß wohl, es geht erst um Mitternacht rum.
   Schaut nur daher, schaut nur daher!
   Wie glänzen die Sternlein je länger je mehr!

2. Treibt zusammen, treibt zusammen die Schäflein fürbaß!
   Treibt zusammen, treibt zusammen, dort zeig ich euch was:
   Dort in dem Stall, dort in dem Stall
   werd't Wunderding sehen, treibt zusammen einmal!

3. Ich hab nur ein wenig von weitem geguckt,
   da hat mir mein Herz schon vor Freuden gehupft:
   Ein schönes Kind, ein schönes Kind
   liegt dort in der Krippe bei Esel und Rind.

4. Das Kindlein, das zittert vor Kälte und Frost.
   Ich dacht mir: wer hat es denn also verstoßt,
   daß man auch heut, daß man auch heut
   ihm sonst keine andere Herberg anbeut?

5. So gehet und nehmet ein Lämmlein vom Gras
   und bringet dem schönen Christkindlein etwas.
   Geht nur fein sacht, geht nur fein sacht,
   auf daß ihr dem Kindlein kein Unruh nicht macht.

Text: Martin Luther,
Melodie: volkstümlich

1. Vom Himmel hoch, da komm ich her, ich bring euch gute neue Mär,
   der guten Mär bring ich so viel, davon ich singen und sagen will.

2. Euch ist ein Kindlein heut geborn
   von einer Jungfrau auserkorn,
   ein Kindelein, so zart und fein,
   das soll euer Freud und Wonne sein.

4. Des laßt uns alle fröhlich sein
   und mit den Hirten gehn hinein,
   zu sehn, was Gott uns hat beschert,
   mit seinem lieben Sohn verehrt.

Maria

1. Josef, lieber Josef mein,
hilf mir wiegen das Kindelein!
Gott, der wird dein Lohner sein
im Himmelreich, der Jungfrau Sohn Maria.

Josef

2. Gerne, liebe Maria mein,
helf ich dir wiegen das Kindelein,
Gott, der wird mein Lohner sein
im Himmelreich, der Jungfrau Sohn Maria.

Zur Begleitung:

Text und Melodie: volkstümlich

Liedmelodie und 1. Strophe von „Kommt herbei" S. 20.

2. |: Nehmt ihn auf, unsern Herrn, :|
   sei uns willkommen, Jesus Christ,
   weil du der Arzt der Kranken bist.
   Nehmt ihn auf, unsern Herrn,
   denn er heilt und segnet gern.

3. |: Gottes Sohn, Lob sei dir. :|
   Die Herzen solln dir offen sein,
   wir bitten dich: kehr bei uns ein.
   Gottes Sohn, Lob sei dir,
   deine Hilfe suchen wir.

---

1. Es sungen drei Engel ein süßen Gesang,
der in dem hohen Himmel klang.

2. Sie sungen, sie sungen alles so wohl,
den lieben Gott wir loben solln.

3. Wir heben an, wir loben Gott,
wir rufen ihn an, es tut uns not.

4. Herr Jesu Christ, wir suchen dich,
am heiligen Kreuz, da finden wir dich.

Zweite Stimme:

*Text und Melodie aus dem 13. Jh.,
aufgezeichnet im „Mainzer Cantual",
2. Stimme: Willi Gundlach*

Alphabetisches Liederverzeichnis

Bitte, gib mir doch ein Zuckerstückchen 45
Das klinget so herrlich 31
Der Kuckuck und der Esel 39
Der Mond ist aufgegangen 12
Der Vogelfänger bin ich 30
Die alte Moorhexe 9
Es sungen drei Engel 47
Geh weg, du 16
Gestern an der Haltestelle 24
Guten Morgen, liebe Sonne 44
Hallo, Freunde 4
Hans Spielmann 45
Heißa, Kathreinerle 17
In Paule Puhmanns Paddelboot 43
Josef, lieber Josef mein 47
Kennt ihr schon Avignon 10
Kommt herbei 20
Leer sind die Felder 6
Sankt Martin 14
Steht auf, ihr lieben Kinderlein 44
Stern über Bethlehem 21
Trara, die Post ist da 34
Vom Himmel hoch, da komm ich her 46
Was soll das bedeuten 46
Wer hat so grauslig da gelacht 28
Wir reisen durch Europa 42

Komponisten und Werkausschnitte

„Ein Abend auf dem Lande"	von Béla Bartók
„Hexeneinmaleins"	von Carl Orff
Aus „Der Nußknacker" – Chinesischer Tanz	von Peter Tschaikowsky
Aus „Peter und der Wolf"	von Sergei Prokofiew
Aus „Die Zauberflöte"	von Wolfgang Amadeus Mozart
Aus „Hornkonzert" D-Dur Rondo	von Wolfgang Amadeus Mozart
Aus „Te Deum"	von Marc-Antoine Charpentier

Quellenangaben

S. 4, Hallo, Freunde; Tf: Peter Fuchs, M: volkstümlich aus den USA; © Klett Verlag, Stuttgart (Erstveröffentlichung).
S. 6, Leer sind die Felder; Tf: Gerhard Bünemann, M: aus Dänemark; aus „Pro Musica", © Möseler Verlag, Wolfenbüttel.
S. 9, Die alte Moorhexe; T: Margarete Jehn, M: Wolfgang Jehn, © Eres Verlag, Bremen.
S. 10, Kennt ihr schon Avignon; Tf: Peter Fuchs, M: aus Frankreich, aus „Unser Liederbuch für die Grundschule" 1966, Satz: Peter Fuchs; © Klett Verlag, Stuttgart.
S. 13 Tf: Peter Fuchs; © Klett Verlag, Stuttgart.
S. 18, Hirtenlegende von Selma Lagerlöf, aus „Christus-Legenden" © Nymphenburger Verlag, München.
S. 20, Kommt herbei; T + M nach einem ostafrikanischen Lied: Friedrich Walz; Satz: Willi Gundlach, © Verlag ev. lutherische Mission, Erlangen.
S. 21, Stern über Bethlehem; T + M: Alfred Hans Zoller; © Bosse Verlag, Regensburg.
S. 24, Gestern an der Haltestelle; T: Ortfried Pörsel, M: Heinz Lemmermann, aus „Die Zugabe" Bd. 3; © Fidula Verlag, Boppard.
S. 28, Wer hat so grauslig da gelacht; T + M: Katharina Kemming, © Klett Verlag, Stuttgart (Erstveröffentlichung).
S. 39, Erkennungsmelodie/Vorspiel/Begleitung: Willi Gundlach
S. 41, Das Gewitter; T: Josef Guggenmos, © Österreichischer Bundesverlag, Wien.
S. 42, Wir reisen durch Europa; M: Marc-Antoine Charpentier, aus „Te Deum", Textierung: Autoren, © Klett Verlag, Stuttgart (Fassung: Erstveröffentlichung).
S. 43, In Paule Puhmanns Paddelboot, T + M: Fredrik Vahle; © Aktive Musik Verlagsgesellschaft mbH, Dortmund.
S. 44, Guten Morgen, liebe Sonne; T: Erich Colberg, M: Hans Poser, aus „Die Zugabe" Bd. 1; © Fidula Verlag, Boppard.
S. 45, Bitte, gib mir doch ein Zuckerstückchen; Tf + Mf: Lieselotte Holzmeister, Satz: Willi Gundlach, © Fidula Verlag, Boppard.

Bildquellen

S. 18/19 Zeichnungen: Birte und Kathrin Kammerer
S. 22 Foto: Basler Ballett – Peter Schnetz
S. 42 Fotos: Akropolis – Edith Brußke
Kölner Dom – Dietrich Eberhardt
Berliner Gedächtniskirche – Bildagentur Mauritius
Eiffel Turm – Stefan Eberhardt
S. 43 Windmühle in Holland – Bildagentur Mauritius
Alle anderen Fotos: Dieter Gebhardt, Asperg

Unser Musikbuch
für die Grundschule

Quartett 4

Von
Peter Fuchs
Hermann Große-Jäger
Willi Gundlach
und der Verlagsredaktion Grundschule

Grafische Gestaltung:
Eva Raupp Schliemann (Aquarelle)
Dieter Gebhardt

Ernst Klett Schulbuchverlag

Inhaltsübersicht   4. Schuljahr

	Anregungen zum Thema	Schb. S.	Tb. Nr.
Klasse 4 auf Sendung	Die Gestaltung einer Sendung mit eigenen Erlebnissen und musikalischen Vorlieben soll anregen, die hörbare Umwelt bewußt wahrzunehmen. Dabei wird gelernt, wie man mit Medien umgeht. In einem Stadtplan sind Orte zu finden, an denen Musik oder andere Klänge und Geräusche vorkommen. Die Foto-Schnitzel fordern auf, sie den Beispielen auf dem Tonträger zuzuordnen und den Weg einer akustischen Schnitzeljagd mit Start und Ziel zu finden.	4	① Musik- und Geräuschfolge für die „Schnitzeljagd mit den Ohren"
Habt ihr schon probiert	Die beiden Lieder sind besonders zum Tanzen geeignet, allerdings in unterschiedlicher Weise. Beim einen Lied werden in freier Raumform mit Händen und/oder Füßen, allein oder zu zweit Bewegungsfolgen improvisiert; beim anderen werden in einer Raumform zwei verschiedene Abschnitte getanzt. Die Betonung im Viertertakt auf 1 und 3 wird im ersten Tanz auch in der Bewegung erfahren: auf 1 und 3 kommt eine neue Bewegung. Im 2. Lied werden die Akzente des Viertertaktes beim Instrumentalspiel berücksichtigt.	6	② Lied und Tanz: „Leute habt ihr" ③ Lied und Tanz: „Jedermann im ganzen Lande"
Das Drachenabeceh	Zwei lustige Texte werden frei oder rhythmisch gebunden gesprochen. Dabei wird die Artikulation geübt. Zum Drachenabeceh kann man mit den gesprochenen und auf Trommeln gespielten Tiernamen eine Spielform entwickeln. Für den zweiten Text ist der Rhythmus zunächst grafisch und dann in Noten vorgegeben. Auftakt, Volltakt und Pausenwerte werden in den Gestaltungen verwendet und bewußtgemacht.	8	④ Rhythmusgestaltung mit Keyboard zum Gedicht „Fund"
Am Morgen	Zwei Gedichte geben verschiedene Stimmungen am Morgen wieder. Sie sollen mit den Fotos, aber auch mit der Musik von Edvard Grieg verglichen werden. Das geht am besten, wenn man die einzelnen Elemente selbst gesprochen, gesungen und gespielt hat. Beim Hören des Musikbeispiels und gleichzeitigem Mitlesen in der Hörpartitur wird deutlich, wie die Musik den Sonnenaufgang beschreibt.	10	⑤ „Morgenstimmung", Edvard Grieg
Torsten wird Kontrabassist	Als Beispiel für ein Streichinstrument wird der Kontrabaß vorgestellt, und zwar in einem Bildbericht mit Interview, Fotos und Musikbeispielen. Dabei erfahren die Leser einiges: über das Instrument – wie ein junger Musiker beginnt – was mit seinem Berufsweg zusammenhängt – von bekannten Profi-Musikern, die das Instrument beherrschen.	12	⑥ „Forellen-Quintett", Franz Schubert ⑦ „Cembalo-Konzert", J. S. Bach, J. Loussier
Der Feuervogel	Das russische Märchen vom Feuervogel ist ein Schlüssel zum Verständnis der Ballettmusik von Igor Strawinsky. Einzelne Szenen können zu ausgewählten Musikausschnitten von Kindern getanzt und dargestellt oder gemalt werden. Bei diesen Bewegungsgestaltungen zur Musik wird das Hören ebenso vertieft wie beim Mitlesen der drei wichtigen Melodien.	14	⑧ Aus dem „Feuervogel", Igor Strawinsky 4 Ausschnitte
Weihnachtsmarkt	Auf dem Weihnachtsmarkt ertönen Lieder verschiedener Art auf unterschiedlichen Instrumenten. Bilder, Noten und Texte wollen anregen, sie aus dem stimmungsvollen Hintergrund herauszulösen und zu fragen, was sie ursprünglich sagen wollten und wozu sie heute benutzt werden.	16	⑨ Lieder mit: Orgel, Drehorgel, Keyboard, Chor, Blaskapelle, Akkordeon
Weihnachtsmusik	Berühmte Komponisten haben Musik zum Weihnachtsgeschehen geschrieben: Johann Sebastian Bach im „Weihnachtsoratorium" und Georg Friedrich Händel im „Messias". Zugangsweisen zu den ausgewählten Musikbeispielen sind Texte und die Abbildungen. Ein anderer Zugang entsteht beim Wiedererkennen der bekannten Melodie „Vom Himmel hoch" im Choral und der Volksliedmelodie in der Hirtenmusik. Beim Choral tritt der Trompetenklang besonders hervor als Hinweis auf das Königtum Christi.	18	⑩ Aus „Weihnachtsoratorium", J.S. Bach ⑪ Aus „Messias", G. F. Händel ⑫ Italienisches Lied
Hände und Puppen tanzen	So wie die Hände des Pianisten beim Spielen der Ecossaise beinahe auf den Tasten tanzen, so können auch die Hände der Kinder oder ihre Puppen zu dieser Musik tanzen. Auf diese Weise werden die gleichbleibenden und die verschiedenen Musikabschnitte dargestellt. Der Bauplan hilft beim Spielen und Hören. Auf das Klavier als Tasteninstrument, seinen Klang und seine Spielweise wird hingewiesen.	20	⑬ „6 Ecossaisen", L. van Beethoven
Wichtigtuer	Wichtigtuer und Nachäffer gibt es überall. Auch mit Musik kann man sie in Szene setzen. Diese Gegenüberstellung beider Gruppen läßt sich zu der Musik von Slonimsky genausogut darstellen wie zum Lied „Fing mir eine Mücke heut". Beim Mitlesen des Bauplans zum Klavierstück ist die Möglichkeit gegeben, sich mit den Abschnitten des Werkes vertraut zu machen.	22	⑭ „Der Petzer", Sergej Slonimsky

	Anregungen zum Thema	Schb.S.	Tb. Nr.
Langschläferkanon	Das Kanonprinzip ist in vielen Variationen dargestellt, damit es auf vielfältige Weise erlebt und erkannt werden kann: als Bewegungsspiel – als gesungener Kanon – als Sprechkanon – und mit rhythmisch veränderter Form: nämlich mit Punktierungen. Das Tonbeispiel unterstützt und ergänzt die verschiedenen Fassungen.	24	⑮ Kanon in verschiedenen Varianten
Komponieren	Zwei Anregungen für das Umgehen mit musikalischen Elementen: 1. Melodiebausteine, die sich immer wieder neu zu einer Melodie komponieren lassen. 2. eine Bildgeschichte und ein Begriffs- und Zeichenrepertoire, um daraus eine Klanggeschichte zu komponieren.	26	
Frühlingskonzert	Ein Elternabend oder ein kleines Schulkonzert können Anlaß für das Erarbeiten der Frühlingskantate sein: mit Vor- und Zwischenspiel – einem Instrumentalstück – mit Liedern in mehrstimmiger Weise – Tänzen und Programmpunkten aus dem bisherigen Musikunterricht.	28	⑯ Liedkantate: „Grüß Gott", „Der Winter ist vorüber"
Am Fluß entlang	Ein Klangspiel „Wasserklänge und -geräusche von den Quellen bis zur Mündung" kann Einstimmung sein für die Begegnung mit der „Moldau" von Smetana. Einzelne Abschnitte des Werkes sind ausgewählt und werden den Szenen in der bildlichen Darstellung zugeordnet. Die Noten unterstützen das Hören.	30	⑰ Aus „Moldau" von Friedrich Smetana
So stimmt es	Wenn man gemeinsam singen und musizieren will, muß alles zusammen stimmen. Was heißt das, die gleiche Stimmung haben? Wie werden verschiedene Instrumente so gestimmt, daß ihre Töne zueinander passen? Nach welcher Ordnung der Töne sind Instrumente gebaut? Eigenes Experimentieren, vergleichendes Hören und Zuordnen und die gefundenen Gesetzmäßigkeiten in Worte fassen, das sind die Ziele. Im Lied entdeckt man Tonleiterausschnitte.	32	⑱ Spiel auf Gläsern
Aus Joseph Haydns Leben	Stationen auf dem Lebensweg Josef Haydns: musikalische Aktivitäten in der Kindheit – seine Ausbildung – Tätigkeiten als Komponist und Kapellmeister. Als Beispiele aus seinem umfangreichen Schaffen sind zwei Werke ausgewählt: die Sinfonie mit dem Paukenschlag – das Kaiserquartett, in dem die Melodie unserer Nationalhymne zu hören ist.	34	⑲ Aus „Kaiser-Quartett", J. Haydn ⑳ Aus der „Sinfonie mit dem Paukenschlag", J. Haydn
Musik kann malen	Bildgeschichten können Klangmalereien wachrufen. Umgekehrt können Musikstücke anregen, selbst Bilder dazu zu malen. Beim 1. Weg entwickeln die Schüler gemeinsam einen Plan, auf welche Weise sie mit Stimmen und Instrumenten die Bilder untermalen. Das Malen zur Musik beim 2. Weg und das Vergleichen von Bild und Musik führen zu intensivem Hören. Hier wird zu einem Werk des Komponisten Pierre Henry gemalt.	36	㉑ „Die Insekten", Pierre Henry
Instrumenten-Puzzle	Die Vielfalt der heutigen Musik wird durch vier Beispiele mit Foto und Tonbeispiel beleuchtet. Entsprechend der jeweils anderen Besetzung mit verschiedenen Instrumenten ist das Klangbild anders: Holzbläser-Quartett, Zupforchester, Jazz-Band und südamerikanische Folklore-Gruppe. Die Zuordnung der Instrumente auf den Quartett-Karten erweitert die Kenntnisse über Instrumente.	38	㉒ Holzbläser-Quartett ㉓ Zupforchester ㉔ Jazz-Band ㉕ Südamerikanische Folklore-Gruppe
Es führt eine Brücke	Zwei Melodien zum Tanz auf der Brücke: Die eine führt über den Main, die andere über die Rhône in Frankreich. Das uralte Thema von der Brücke, auf der jeder tanzen muß, ist in den Tanzformen dargestellt: die lange Gasse ist die Brücke. Die Tanzenden bauen sie auf, verändern sie wieder und tanzen auf ihr. Foto und Tanznotationen helfen, das Tanzen vorzubereiten. Die Tanzmelodie selbst zu spielen und zu begleiten, ist eine besondere Aufgabe.	40	㉖ Lied und Tanz: „Es führt über den Main" ㉗ Tanz: „Die Rhône"
Nehmt Abschied	Zum Abschied von der Grundschule wird noch einmal gesungen, mit Instrumenten gespielt und getanzt. Die ganze Klasse, alle Eltern und Gäste werden einbezogen. Das Lied und die Abschiedsgrüße in den verschiedenen Sprachen regen an, zur Vorspiel-Melodie auch neu zu dichten in den Sprachen, die beim Fest zu hören sind.	42	㉘ Tanz: Kolo „Savila se bela" ㉙ Lied: „Nehmt Abschied"
Liedanhang	S. 44–51	50 51	㉚ „An der losen Leine" ㉛ „Der Hahn"
Alphabetisches Liederverzeichnis		53	

Klasse 4 auf Sendung

Wir haben für unsere Schnitzeljagd im Freien einen Cassettenrecorder und Sägemehl gebraucht.

Reportage am Montag: „In und um Schönhausen"

Sendezeichen:

● ● ● ▶ ● ▶ ● ●

Ansager:

Ihr hört jetzt unser beliebtes Ratespiel „Schnitzeljagd mit den Ohren". Wo waren unsere Reporter am Wochenende? – Wo war ihr Start und wo war ihr Ziel?
Nehmt den Plan von Schönhausen und Umgebung zu Hilfe.

Einspielen des Tonbeispiels 1 von der Cassette:

Ansager:

Und nun hört Ihr unseren Klassen-Hit live, gesungen von …

Zwischenmusik live:

Ansager:

Es folgt jetzt ein Interview mit unserem neuen Klassenkameraden Jens.
Du spielst schon seit einem Jahr Klarinette. Welches Lied oder Stück spielst du am liebsten? …
In welchem Musikverein möchtest du gerne mitspielen?

Weitere Sendebeiträge:

Mitschüler haben Aufnahmen mit ihrem Recorder gemacht:

Ich habe unserem neuen Klassenkameraden einiges in und um Schönhausen gezeigt. Bekommt ihr heraus, wo wir waren?

Wir waren mit meinen Eltern beim Konzert in der Festhalle. Erkennt ihr von unserer Cassette die Chöre und Musikvereine, die gespielt haben?

Ich habe Musik in der Fußgängerzone aufgenommen. Welche Instrumente könnt ihr hören?

Wir waren in den Ferien bei meinen Großeltern in Spanien. So hört sich die Musik an von dem Fest, bei dem wir waren.

Bei uns war Hauskonzert. Ich habe Flöte gespielt. Und die anderen …?

| Eine Radiosendung planen und gestalten. Die akustische Umwelt bewußt wahrnehmen. | Sendezeichen, Reportage, Interview |

Habt ihr schon probiert

Ich hab's raus, wann beim Boogie-Lied 'ne neue Bewegung dran ist. – Locker, locker!

Text und Melodie: Hans Poser, © Fidula

Leu-te habt ihr schon ein-mal pro-biert ei-nen Boo-gie Woo-gie,

weil sich je-der herr-lich a-mü-siert bei 'nem Boo-gie Woo-gie.

Und wir brauchen gar kein Sa-xo-phon,

denn wir sin-gen sel-ber un-sern Boo-gie Woo-gie,

hüp-fen da-bei fröh-lich hin und her, vor und auch zu-ruk-ki.

Improvisierte Bewegungsformen zum Boogie-Lied.
Lauftanz mit verschiedenen Fassungen und Raumformen.
Betonungen im Viertakt bewußtmachen.

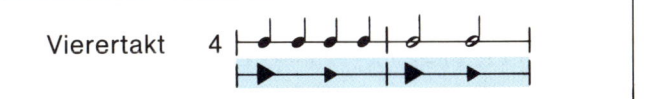

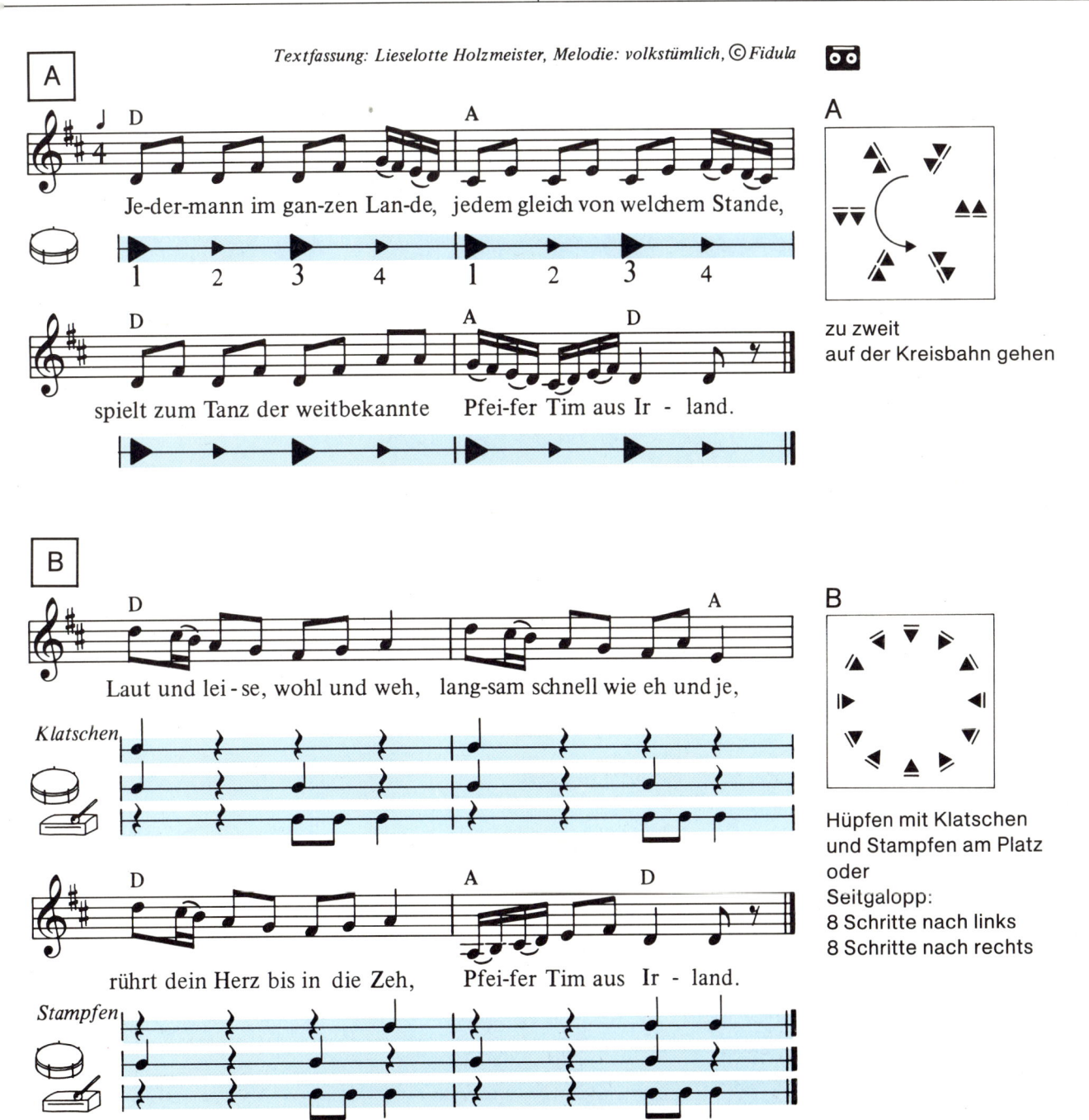

Viertakt

Textfassung: Lieselotte Holzmeister, Melodie: volkstümlich, © Fidula

A

Je-der-mann im gan-zen Lan-de, jedem gleich von welchem Stande,

1 2 3 4   1 2 3 4

spielt zum Tanz der weitbekannte Pfei-fer Tim aus Ir - land.

A

zu zweit
auf der Kreisbahn gehen

B

Laut und lei-se, wohl und weh, lang-sam schnell wie eh und je,

Klatschen

rührt dein Herz bis in die Zeh, Pfei-fer Tim aus Ir - land.

Stampfen

B

Hüpfen mit Klatschen
und Stampfen am Platz
oder
Seitgalopp:
8 Schritte nach links
8 Schritte nach rechts

Das Drachenabeceh

Kennst du die Dinopranten?
Ich kenne nur die Fugufanten!

Das Drachenabeceh

Akumander
Blomotram
Claculac
und **D**aschitil
fraßen oft und fraßen viel,
Echogröl und **F**amofax
lutschten gern auch Bienenwachs.
Gnoloton, **H**ydraulolux
sind die zwei mit Riesenwuchs.
Imipril
und **J**odelschodel,
Knastor
und auch **L**ummerlatt
wurden morgens selten satt,
Muckschluck,
Nasch
und **O**xoho
hatten einen grünen Po.
Plumulum
und **Q**üülliwam
plantschten sonntags gern
im Schlamm.
Rätscheltätschel
und **S**chulu
schauten dabei lieber zu.
Töckmöck,
Umpf
und **V**alotrom,
Wammelwusch
und **X**acholon
gaben von sich manchen Ton,
Ysoprül
und **Z**ammelzot
stellten sich auch gerne tot.

Dieter Brembs, © Beltz

Texte trommeln, rhythmisch sprechen, eine Spielform finden. Die Betonung bei Auftakt und Volltakt und die Pausenwerte bewußtmachen.

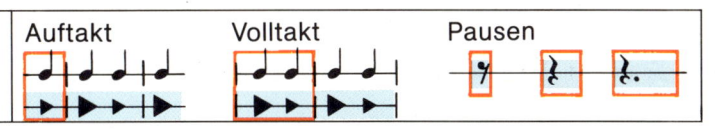

Auftakt   Volltakt   Pausen

Fund

Ein	Herr	mit	Frack	fand ei - ne	Ki - ste,
in	der	war ein	Sack,		
in	dem	war ein	Zet - tel,		
auf	dem	stand		schnick schnack!	

Josef Guggenmos, © Beltz

Hier sind die Zeilen vertauscht.

Ein Herr mit Frack fand eine Kiste in der war ein Brief in dem stand ein ? Da lachte der Herr und...

Am Morgen

Wenn bei uns die Leute morgens zur Arbeit gehen, wirft keiner "sein Hütlein" in die Luft!

Kommt ein Tag in die Stadt

Ein Wecker rasselt,
eine Teekanne zischt,
ein Regenguß prasselt,
eine Putzfrau wischt,
ein Briefkasten klappert,
ein Baby schreit,
eine Nachbarin plappert,
und ganz weit
quietscht eine Bahn in den Schienen.
So kommt ein Tag in die Stadt:
im Dämmerlicht um halb sieben,
in die Stadt, die geschlafen hat.

Hans Adolf Halbey
(gekürzte Fassung)
© Autor

Aus der „Morgenstimmung" von Edvard Grieg

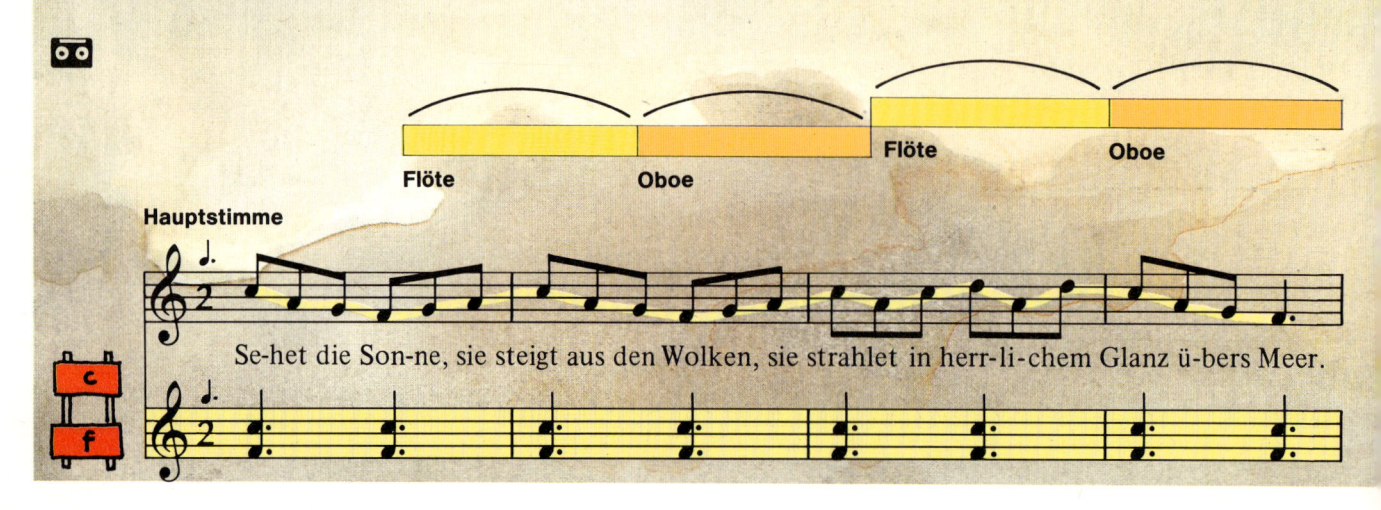

Flöte — Oboe — Flöte — Oboe

Hauptstimme

Se-het die Son-ne, sie steigt aus den Wolken, sie strahlet in herr-li-chem Glanz ü-bers Meer.

Die Musik von Grieg mitlesen, die Hauptmelodie spielen und textieren. Bilder, Gedichte und Musik vergleichen.	Steigerung: Instrumente, Melodie, Lautstärke

Der Morgen

Fliegt der erste Morgenstrahl
durch das stille Nebeltal,
rauscht erwachend Wald und Hügel,
wer da fliegen kann, nimmt Flügel!

Und sein Hütlein in die Luft
wirft der Mensch vor Lust und ruft:
hat Gesang doch auch noch Schwingen,
nun, so will ich fröhlich singen!

*Josef Freiherr von Eichendorff
(gekürzte Fassung)*

+ Orchester

Torsten wird Kontrabassist

Und wo ist Torsten?

Wie bist du ausgerechnet auf den Kontrabaß gekommen?

Im Schulorchester fehlte ein Kontrabaßspieler. Ich war damals 12 Jahre alt.

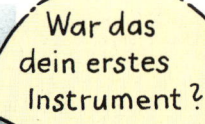

War das dein erstes Instrument?

Hier ist ein Foto von mir. Mit diesem Instrument habe ich angefangen.

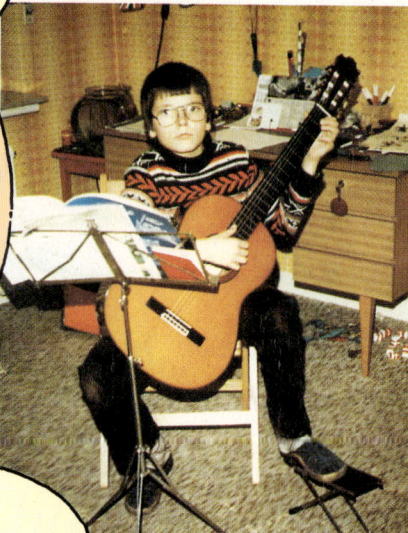

So transportiere ich mein Instrument auf Reisen.

Wie bist du zum Bundesjugendorchester gekommen?

12

Den Kontrabaß und seine Spielweisen kennenlernen. Das Instrument in verschiedenen Ensembles hören und sehen.	Streichinstrumente: Geige, Bratsche, Cello, Kontrabaß Spielweisen: streichen, zupfen

Das Forellenquintett

In einem Bächlein helle,
da schoß in froher Eil
die launische Forelle
vorüber wie ein Pfeil.
Ich stand an dem Gestade
und sah in süßer Ruh
des muntern Fischleins Bade
im klaren Bächlein zu.

Zu diesem Gedicht hat Franz Schubert 1817 eine Melodie komponiert. Diese Melodie hat er später in einer Komposition für 5 Instrumente verwendet. Es spielen Violine, Bratsche, Cello, Kontrabaß und Klavier zusammen. Das Werk heißt „Forellenquintett". Man kann den Text mitsingen, wenn die vier Streichinstrumente das Lied spielen.

Ich möchte auch gern in kleiner Besetzung spielen wie beim Forellenquintett.

Zupfen macht mir besonders Spaß, ganz gleich, ob bei Jazzstücken oder...

Musik von Jacques Louissier

Bei diesem Trio spielen Klavier, Kontrabaß und Schlagzeug zusammen. Die drei Musiker nehmen Musik von Johann Sebastian Bach und verändern sie auf ihre Weise. Da alle drei Spieler Jazz-Musiker sind, klingt die Musik anders, als sie Bach komponiert hat. Der Kontrabaßspieler braucht keinen Bogen zum Spielen, er zupft seine Töne.

Der Feuervogel

Ich kenne Ballett nur aus dem Fernsehen!

Der Zauberer Kaschtschei beherrscht einen großen Garten. Mitten darin steht ein Baum mit goldenen Äpfeln. Manchmal fliegt ein Feuervogel heran, um einen goldenen Apfel zu holen. Prinz Iwan verfolgt den Feuervogel und gerät dabei in den Zaubergarten. Endlich gelingt es dem Prinzen, den Feuervogel zu fangen. „Laß mich frei", fleht der Vogel, „vielleicht kann ich dir einmal behilflich sein". Der Feuervogel schenkt Iwan eine Feder als Pfand, und der Prinz läßt den Vogel frei.

Als der Prinz sich weiter in den Zaubergarten wagt, sieht er dreizehn Prinzessinnen, die zu einer leisen Musik mit goldenen Bällen spielen. Er verliebt sich in die anmutige Zarewna und erfährt von ihr, daß sie alle unter dem Bann des Zauberers Kaschtschei stehen. Das macht sie so betrübt.
Es dämmert, und die Prinzessinnen müssen in den Palast zurück. Iwan wagt es, ihnen zu folgen, obwohl er weiß, daß jeder Mann, der den Garten betritt, von Kaschtschei in einen Stein verwandelt wird.

Aus der Ballett-Musik „Der Feuervogel" von Igor Strawinsky

Prinzessinnen

Kaschtschei

Zur Musik von Strawinsky malen, tanzen, mitlesen und singen. Stimmungsgegensätze erleben und beschreiben.	Gegensätze: ruhig – kämpferisch – ...

Der Zauberer Kaschtschei entdeckt Iwan und verfolgt ihn. Iwan erinnert sich der Feder des Feuervogels. Er schwenkt sie, und sofort erscheint der Feuervogel. Er zeigt Iwan, wo das Lebensei des Kaschtschei liegt. Iwan zerschlägt es. Der Zauberer ist tot.

Langsam erwachen die Prinzessinnen und viele junge Männer, die Kaschtschei in Steine verzaubert hatte. Iwan und Zerewna werden ein glückliches Paar. Alle feiern ein Fest.

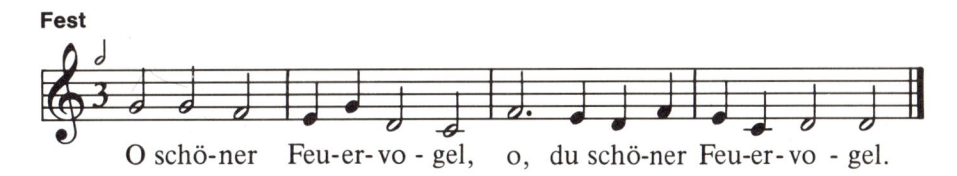

Fest

O schö-ner Feu-er-vo-gel, o, du schö-ner Feu-er-vo-gel.

Weihnachtsmarkt

Ich kenne einen besonderen Stand auf dem Weihnachtsmarkt – den für die Dritte Welt.

T: Friedrich von Spee, M: Rheinfelsisches Gesangbuch

O Heiland reiß die Himmel auf!
Herab, herab vom Himmel lauf!
Reiß ab vom Himmel Tor und Tür,
reiß ab, wo Schloß und Riegel für.

Text und Melodie: volkstümlich aus Sizilien

O du fröhliche, o du selige,
gnadenbringende Weihnachtszeit!
Welt ging verloren, Christ ist geboren,
freue, freue dich, o Christenheit!

Text und Melodie: Eduard Ebel

Leise rieselt der Schnee,
still und starr ruht der See,
weihnachtlich glänzet der Wald:
Freue dich, Christkind kommt bald!

| Auf Unterschiede in Inhalt und musikalischer Gestalt der Lieder aufmerksammachen. | Weihnachtslieder: in der Kirche, auf dem Weihnachtsmarkt und im Kaufhaus … |

Text: Karl F. Splittegarb, Melodie: volkstümlich

Morgen, Kinder, wird's was geben,
morgen werden wir uns freun.
Welch ein Jubel, welch ein Leben
wird in unserm Hause sein!
Einmal werden wir noch wach,
heißa, dann ist Weihnachtstag.

Text und Melodie: geistliches Volkslied

Es ist ein Ros entsprungen
aus einer Wurzel zart.
Wie uns die Alten sungen,
von Jesse kam die Art.
Und hat ein Blümlein bracht
mitten im kalten Winter
wohl zu der halben Nacht.

Text: J. J. Eschenburg, Melodie: Georg Friedrich Händel

Tochter Zion, freue dich,
 jauchze laut Jerusalem.

Weihnachtsmusik

Ich finde das merkwürdig: Manchmal heißt es in den Liedern "Großer Herr" und manchmal "Jesulein".

Johann Sebastian Bach
Weihnachtsoratorium

für Solisten, Chor und Orchester

Arie

Großer Herr und starker König,
liebster Heiland, o wie wenig
achtest du der Erden Pracht!

Choral

Ach mein herzliebes Jesulein!
Mach dir ein rein sanft Bettelein,
zu ruhn in meines Herzens Schrein,
daß ich nimmer vergesse dein.

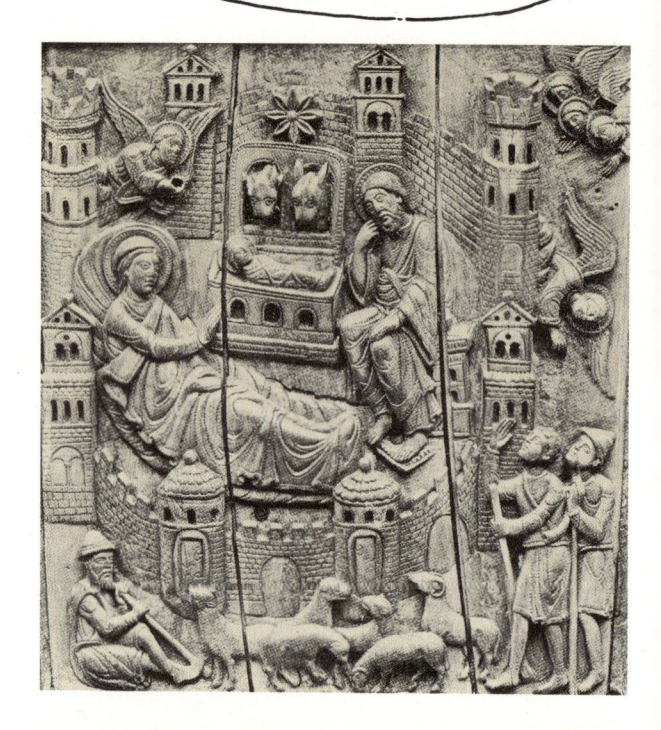

Chor — Ach mein herzliebes... | *Trompeten und Pauken* | *Trompeten und Pauken* | *Trompeten und Pauken* | *Trompeten und Pauken* | *Trompeten und Pauken*

Solist: Baß

Solisten, Chor, Orchester

Ausschnitte weihnachtlicher Musik von Bach hören und in Noten mitlesen. Volkstümliche Weihnachtsmusik und Ausschnitte eines Werkes von Händel vergleichen.

Solist, Chor
Kirchenmusik/Konzertmusik

Vorspiel: Pifa – Weihnachtsmusik der Hirten

Weihnachtslied der Pifferari

Text: Hannes Kraft, Melodie: volkstümlich aus Italien, © Möseler

1. Zu Beth-lem ü-berm Stall, da hob ein Sin-gen an:
Da war in dunk-ler Mit-ter-nacht der Him-mel auf-ge-tan.
En-gel er-schie-nen, kün-de-ten Frie-den,
san-gen die gan-ze Hei-li-ge Nacht: „Ihr Men-schen freu-et euch!
Ein Kind ist euch ge-bo-ren, an Gnad und Eh-ren reich!"

2. Und auf dem weiten Feld die Hirten hörten's all.
Sie liefen voller Freud mit den Schafen hin zum Stall.
Fanden das Kindlein zart liegen im Kripplein hart,
bliesen ein Lied ihm auf ihrer Schalmei: „O freudenreiche Nacht!
Du hast in deinem Dunkel der Welt das Licht gebracht!"

Der Piffero ist ein flötenähnliches Instrument, das von Hirten in Italien geblasen wurde. Diese nennt man daher auch „Pifferari". Gerade zur Weihnachtszeit ziehen sie durchs Land und spielen ihre zweistimmigen Melodien.

Auch Georg Friedrich Händel läßt in seinem Oratorium „Der Messias" an der Stelle, wo von der Geburt Jesu und den Hirten auf dem Felde die Rede ist, eine „Pifa" erklingen. Der Anfang steht oben auf der Seite.

Hände und Puppen tanzen

Ich kenne Beethoven aus meiner Klavierschule!

Ich habe im Fernsehen ein Stück von Beethoven gehört mit einem großen Orchester und einem großen Chor.

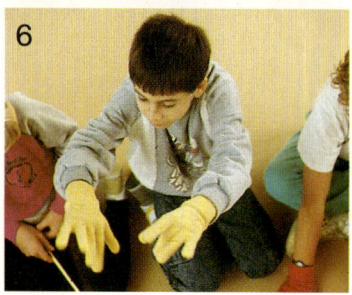

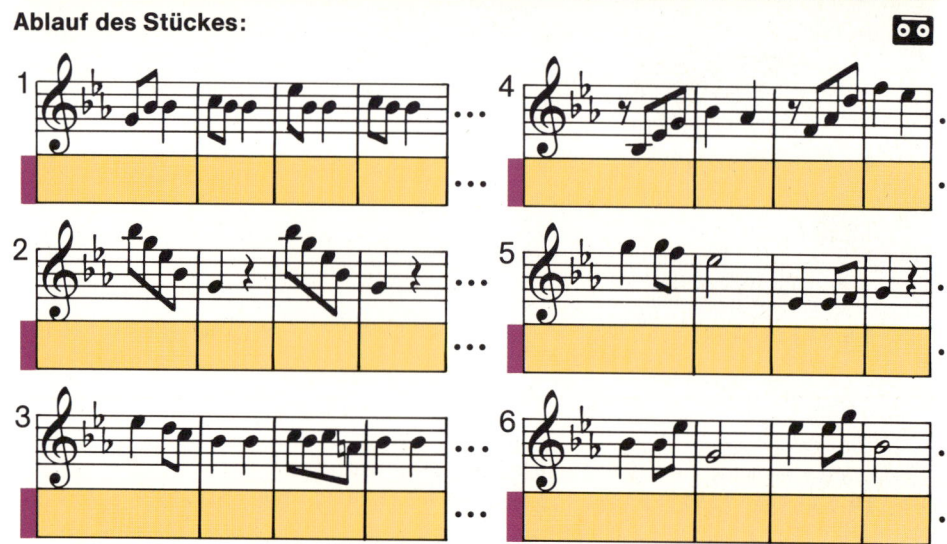

Ablauf des Stückes:

Ecossaisen von Beethoven hören, mitlesen und in Bewegung umsetzen. Klang und Spielweisen vom Klavier kennenlernen.

Ablauf des Stückes:
nur ein Abschnitt kehrt immer wieder
Tasteninstrument: Klavier

Wiederkehrender Musikabschnitt:

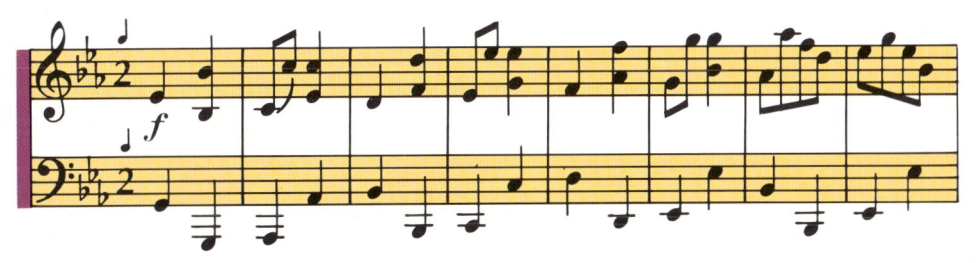

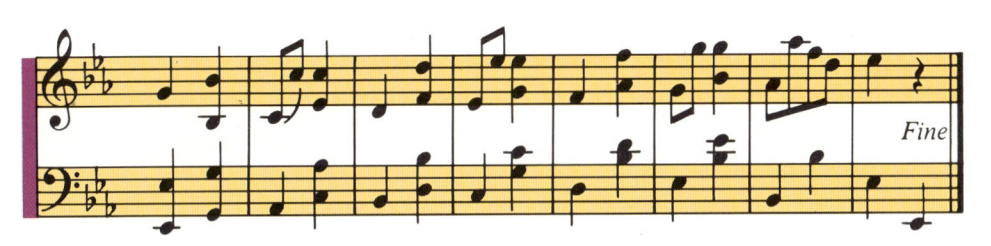

Sechs Ecossaisen
von Ludwig van Beethoven

Ecossaise heißt auf französisch „Tanz aus Schottland". Früher konnte man solche Tänze auf allen Dorffesten sehen, später waren sie vor allem in der Stadt üblich. Berühmte Komponisten schrieben die Musik. Oft tanzte man nicht mehr dazu, sondern hörte sie sich nur noch im Konzert an. Bei den 6 Ecossaisen, die Ludwig van Beethoven für Klavier komponiert hat, kann man sich gut vorstellen, wie die Finger auf den Tasten beinah „tanzen". Beethovens Name ist vielen Menschen bekannt durch die große Zahl seiner Werke. Im Radio und im Konzert sind sie täglich zu hören.

rechte Hand

linke Hand

Wichtigtuer

Wer angibt, hat mehr vom Leben! Oder?

„Der Petzer" von Sergej Slonimsky

Thema *Gruppe 1*

Ablauf des Stückes:

Aufschneider

Ha ha ha ha haa!

1. Fing mir ei-ne Mük-ke heut; grö-ßer als ein Pferd wohl;
   ließ das Fett, das Fett ihr aus, 's war ein gan-zes Faß voll!

2. Riß ihr dann den Stachel aus,
   war spitz wie 'ne Nadel,
   macht mir einen Degen draus,
   sah aus wie von Adel …

3. Zog ihr auch das Fell noch ab,
   macht mir eine Decke,
   lag darauf so weich und warm
   wie im Himmelbette …

Text: 1. Str. H. Lüdecke, ©W. de Gruyter,
2. und 3. Str. St. J. Königs/M. P. Lehmann,
© Möseler, Melodie: volkstümlich

| Ein Klavierstück von Slonimsky mit A- und B-Teil in Bewegung umsetzen. Lied durch Singen und Spielen gestalten | Abschnitte im Musikstück im Lied |

Gruppe 2

Spötter

1.–3. Wer dies glaubt ein E-sel ist, grö-ßer als ein Pferd wohl,

Wer dies glaubt ein E-sel ist, grö-ßer als ein Pferd wohl!

Was, ein E-sel!

Langschläferkanon

Was sollen nur die Farben?

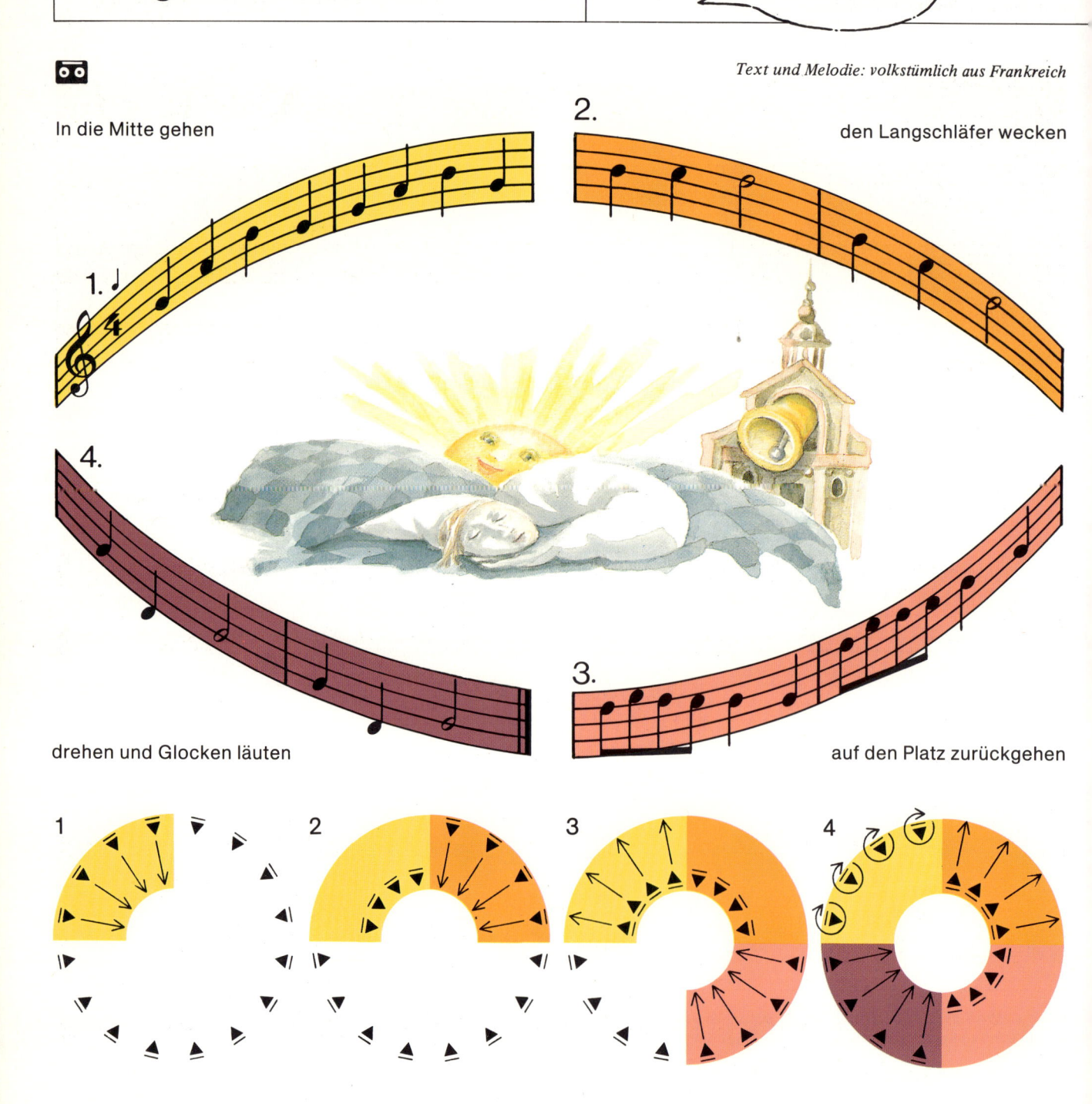

Text und Melodie: volkstümlich aus Frankreich

In die Mitte gehen

1.

2. den Langschläfer wecken

4. drehen und Glocken läuten

3. auf den Platz zurückgehen

24

Kanon: singen; in Bewegungsspiel übertragen;
die Notationen lesen; Texte und Melodie verbinden;
Melodie und Rhythmus variieren.

Kanon   Punktierte Note

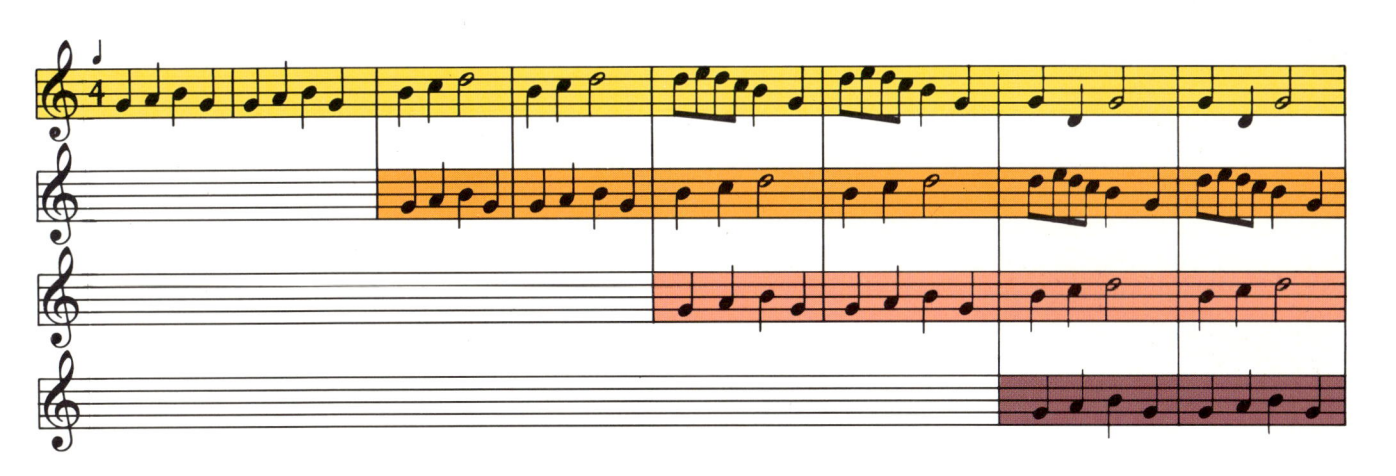

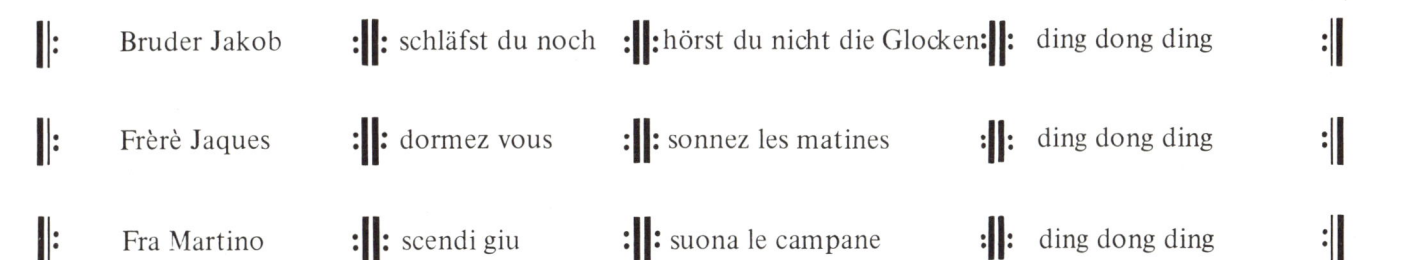

||: Bruder Jakob :||: schläfst du noch :||: hörst du nicht die Glocken :||: ding dong ding :||

||: Frèrè Jaques :||: dormez vous :||: sonnez les matines :||: ding dong ding :||

||: Fra Martino :||: scendi giu :||: suona le campane :||: ding dong ding :||

Bru - der Ja - kob schläfst du noch hörst du nicht die Glocken ding dong ding

ding dong…

Komponieren

Hat Mozart auch mit Punktklängen komponiert?

Das sind Noten, die Wolfgang Amadeus Mozart mit 9 Jahren in sein Notenheft geschrieben hat. Er hat die Stücke ohne Hilfe seines Vaters komponiert.

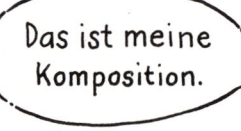

A B C D E F

Das ist meine Komposition.

A   D   E   C

Das ist meine Melodie, immer auf und ab geht sie.

Mit Melodiebausteinen komponieren und dazu Texte finden. Klanggestaltungen planen und dabei mit Merkmalen der Musik in Wort und Zeichen umgehen.

Melodiebaustein Punktklänge

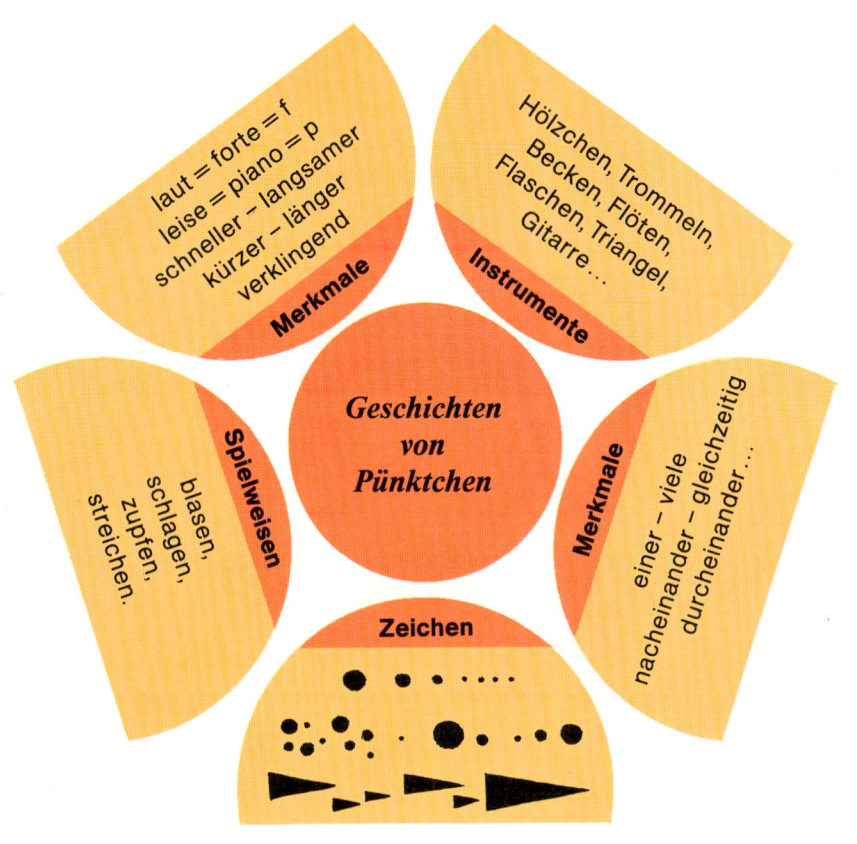

Geschichten von Pünktchen

Merkmale
laut = forte = f
leise = piano = p
schneller – langsamer
kürzer – länger
verklingend

Instrumente
Hölzchen, Trommeln, Becken, Flöten, Flaschen, Triangel, Gitarre…

Spielweisen
blasen, schlagen, zupfen, streichen.

Merkmale
einer – viele
nacheinander – gleichzeitig
durcheinander…

Zeichen

Eines Tages war Pünktchen ganz allein. Da dachte es sich…

Da kamen von allen Seiten seine Freunde gelaufen…

Mit drei Freunden ging Pünktchen zu einem besonderen Treffpunkt…

In der Höhle hörten sich ihre Schritte und Stimmen ganz anders an…

27

Frühlingskonzert

Machen bei euch die Eltern auch mit?

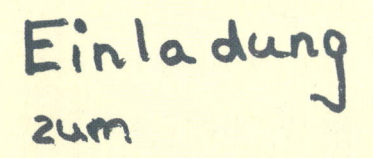

Einladung zum Elternabend

A Vorspiel

Früh-lings-zeit, Früh-lings-zeit.

B Lied mit Instrumenten

Grüß Gott, du schöner Maien,
da bist du wiedrum hier,
tust jung und alt erfreuen
mit deiner Blumen Zier.
Die lieben Vöglein alle,
die singen all so hell;
Frau Nachtigall mit Schalle
hat die fürnehmste Stell.

Die kalten Wind verstummen,
der Himmel ist gar blau;
die lieben Bienlein summen
daher auf grüner Au.
O holde Lust im Maien,
da alles neu erblüht;
du kannst mir sehr erfreuen
mein Herz und mein Gemüt.

Text und Melodie: volkstümlich,
Vorspiel, Zwischenspiel, Satz:
Willi Gundlach, ©Klett

C Zwischenspiel/Kanon

Frühlingszeit...

Frühlingszeit...

Lieder mit Vor- und Zwischenspielen und mit Begleitungen zu einer kleinen Kantate zusammenstellen. Mit weiteren Beiträgen ein Programm ausgestalten.

Begleitung mit mehreren Tönen gleichzeitig

Der Win-ter ist vor-ü-ber, vor-bei ist der A-pril,
F   C

im Mai-en heim-ge-kom-men, der Kuk-kuck bleibt nicht still.
C   F

Kuk-kuck,   Kuk-kuck,   vor-bei ist der A-pril,
Cu-cù,   cu-cù,   l'a-pri-le non c'è-più,
F   C

im Mai-en heim-ge-kom-men, der Kuk-kuck bleibt nicht still.
e ri-tor-na-to è mag-gio al can-to del cu-cù.
C   F

Es singen und spielen:
- der Klassenchor
- die Instrumentalgruppe: Blockflöten und Stabspiele

Vorsängerin: Nina Maier

Die Tanzgruppe führt vor: Kanontanz

Begleitung mit mehreren Tönen:

2. Da droben im Gebirge
   ist aller Schnee zertaut,
   der alte Schelm, der Kuckuck,
   schaut, wo ein Nest gebaut.

3. Die Schöne hinterm Fenster
   schaut sich die Augen aus,
   und hofft, daß ihr der Kuckuck
   den Liebsten bringt ins Haus.

*Textfassung: Hans Baumann,
Melodie: volkstümlich
aus der Schweiz, © Möseler*

29

Am Fluß entlang

Ich kann die zwei Quellen gut hören!

Ich habe bei der Moldau-Melodie mitgemalt.

Aus der „Moldau" von Friedrich Smetana

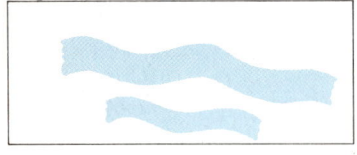

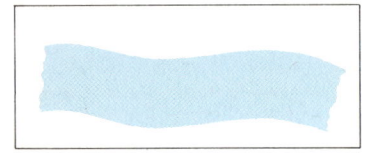

gluckern
sprudeln
plätschern
fließen
rauschen
strömen

Quellen-Melodie *2 Flöten*

Eine Klanggestaltung planen und realisieren.
Die Musik von Smetana zum bildlichen Ablauf und zu
den Notenbeispielen in Beziehung setzen.

Töne der Quellen- und Moldau-Melodie

Moldau-Melodie *Streicher*

So stimmt es

Ich weiß, was die Gabel mit guter Stimmung zu tun hat.

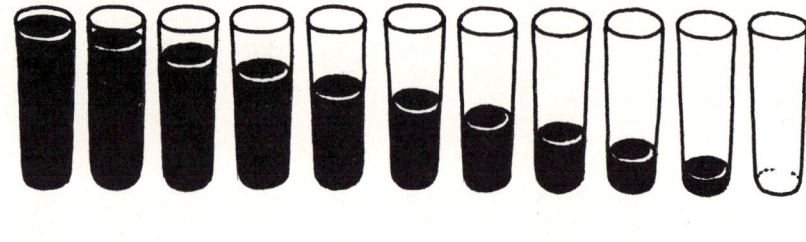

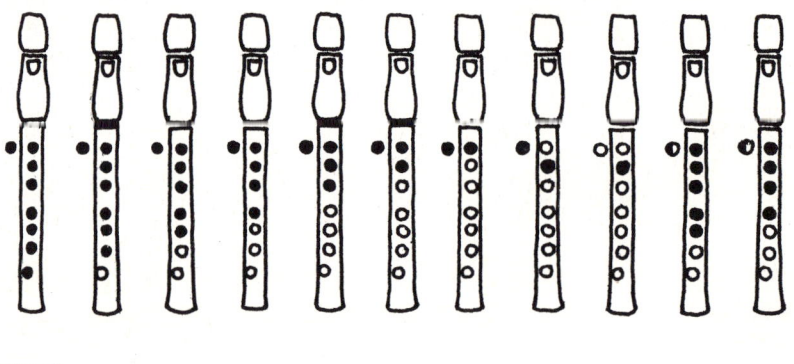

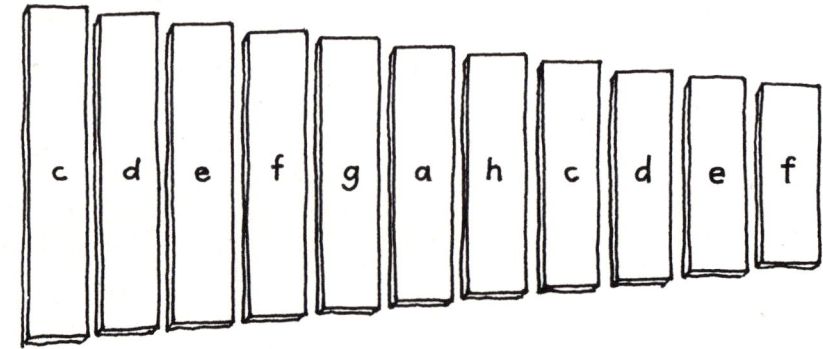

Textfassung: Katharina Kemming, Melodie: volkstümlich, ©Klett

1. Wenn die Instrumente stimmen, fängt's gar herrlich an zu klin-gen: du - a, du - a,

Über eigene Experimente erfahren, was „stimmen" bedeutet, und wie bei verschiedenen Instrumenten eine Tonleiter zustandekommt.	Tonleiter: c d e f g a h c Je länger das Rohr, desto tiefer der Ton. Je stärker gespannt die Saite, desto …

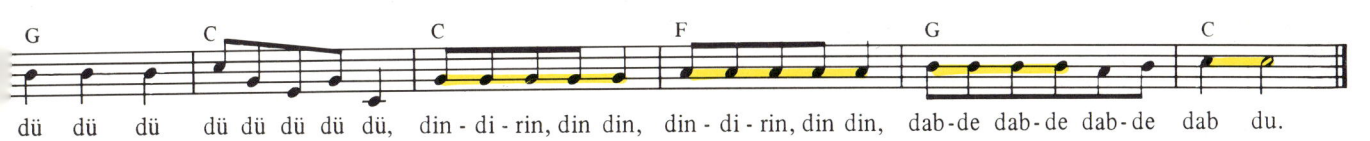

```
  G           C              C            F           G           C
dü  dü  dü   dü dü dü dü dü, din-di-rin, din din, din-di-rin, din din, dab-de dab-de dab-de dab du.
```

Aus Josef Haydns Leben

Ob es heute auch noch Sängerknaben und Kapellmeister gibt?

Josef Haydn wurde 1732 in einem kleinen Dorf in Österreich geboren. Sein Vater war Wagenbauer, und die große Familie mit 12 Kindern lebte sehr bescheiden. Trotz der schweren Arbeit nahm sich der Vater Zeit, abends mit seiner Familie zu singen. Er begleitete auf der Harfe, ganz nach Gehör; denn Noten kannte er nicht.
Der kleine Josef sang gerne vor sich hin, z. B. das Lied: Geh im Gäßle…
Seine Stimme war so schön, daß sie einem Verwandten auffiel. Er sorgte dafür, daß Haydn schon mit 8 Jahren zu den berühmten Sängerknaben nach Wien kam.
Dort wurde seine Stimme ausgebildet, er sang im Chor und erhielt Unterricht im Violin- und Klavierspiel.
Mit 17 Jahren begann er, seinen Lebensunterhalt mit Komponieren, Instrumentenspiel und als Musiklehrer selbst zu verdienen.

Haydns Geburtshaus in Rohrau

Haydn komponierte viel später in England eine Sinfonie, in der es für die Zuhörer eine besondere Überraschung gibt. Der zweite Satz beginnt mit der Melodie, die er in seiner Kindheit so oft vor sich hin geträllert hat. Die Zuhörer werden plötzlich von einem **Paukenschlag** aufgeschreckt. Dieser hat der **Sinfonie** ihren Namen gegeben.
Mit 29 Jahren wurde Haydn Kapellmeister bei den Grafen Esterhazy in Ungarn.

Geh im Gäß - le nauf und nun - ter, hän - gen schwar - ze Kir - schen 'run - ter;
schwar - ze Kir - schen eß ich gern, die Jung - fer Nan - ni hätt ich gern!

Bilder, Texte und Musikbeispiele beleuchten Haydns Lebensweg und seine Arbeit als Komponist. Etwas über die Entstehung unserer Nationalhymne erfahren.

Komponist, Kapellmeister
Komponist unserer Nationalhymne

Schloß Esterhazy

Haydn dirigiert vom Klavier aus

Im Schloß lebte und arbeitete er mit seinen Musikern, einem ganzen Orchester. Er probte mit ihnen, gab fast täglich Konzerte für die fürstliche Familie und den ganzen Hof. Auch neue Kompositionen entstanden in der Zeit. 30 Jahre blieb er bei den Esterhazys, dann starb der Fürst Nicholas, und Haydn kehrte nach Wien zurück.

Haydn war ein berühmter Musiker geworden und spielte auch am Kaiserhof in Wien vor. In dieser Zeit komponierte er ein Streichquartett, das besonders bekannt wurde. In einem Satz dieses Streichquartetts hört man die Melodie, die heute die Nationalhymne der Bundesrepublik Deutschland ist. Der Dichter Hoffmann von Fallersleben hat den Text dazu verfaßt. Die 3. Strophe singen wir bei allen öffentlichen Anlässen: Staatsfeiern, Sportfesten, Olympiaden ...

Text: Hoffmann von Fallersleben, Melodie: Josef Haydn

3. Ei-nig-keit und Recht und Frei-heit für das deut-sche Va-ter-land!
Da-nach laßt uns al-le stre-ben brü-der-lich mit Herz und Hand!
Ei-nig-keit und Recht und Frei-heit sind des Glük-kes Un-ter-pfand.
Blüh im Glan-ze die-ses Glük-kes, blü-he deut-sches Va-ter-land!

Musik kann malen

Ich denke mir eine Klanggeschichte aus: "Die lästige Fliege."

Klänge untermalen die „Geschichte vom Fliegen":

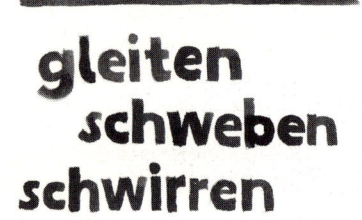

steigen
fallen
sinken
stürzen

gleiten
schweben
schwirren

Eine Bildgeschichte vertonen.
Zu einem Musikausschnitt von Pierre Henry malen.
Bilder und Musik vergleichen.

Klänge bewegen sich:
aufwärts oder abwärts, auf gleicher Höhe,
sie werden lauter oder leiser oder bleiben gleich.

Zur Musik des Komponisten Pierre Henry malen:

„Wind-Glocken-Sturm" von Melanie

„Stürmischer Tag" von Nina

„Das Zauberschloß" von Elke

„Die Ungeheuernacht" von Johannes

Instrumentenpuzzle

Ich weiß, wieviel Instrumente zum Blockflötenquartett gehören.

Die vier Bläser spielen das Lied „Schickt mich die Mutter"

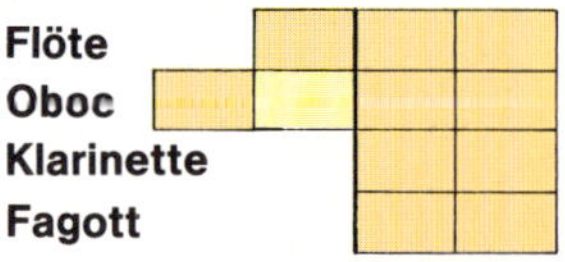

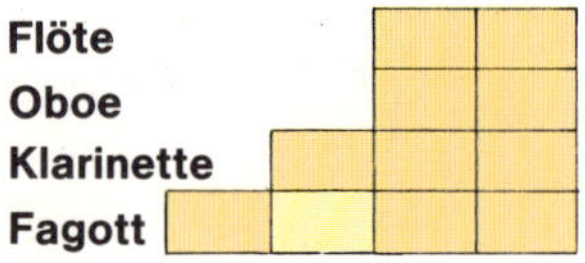

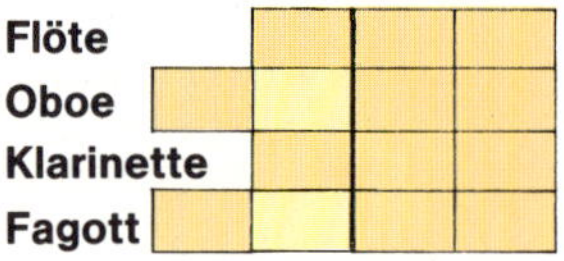

Flöte
Oboe
Klarinette
Fagott

Flöte
Oboe
Klarinette
Fagott

Flöte
Oboe
Klarinette
Fagott

Im Zupforchester spielen Mandolinen und Gitarren zusammen. Manchmal wird dazu auch ein Kontrabaß gezupft.
Auf der Mandoline liegen zwei gleichgestimmte Saiten eng nebeneinander. Der Spieler reißt sie mit einem eiförmigen Plättchen an.
Zupforchester spielen auch Musik, die eigentlich für Streichinstrumente komponiert wurde, zum Beispiel die Tanzmusik von Leopold Mozart auf dem Tonträger.

2 Holz-Blasinstrumente
a Flöte
b Oboe
c Klarinette
d Fagott

4 Zupfinstrumente
a Gitarre
b Banjo
c Mandoline
d Harfe

1 Streichinstrumente
a Geige
b Bratsche
c Cello
d Kontrabaß

7 "Band"-Instrumente
a E-Gitarre
b Saxophon
c Keyboard
d Schlagzeug

2 Holz-Blasinstrumente
a Flöte
b Oboe
c Klarinette
d Fagott

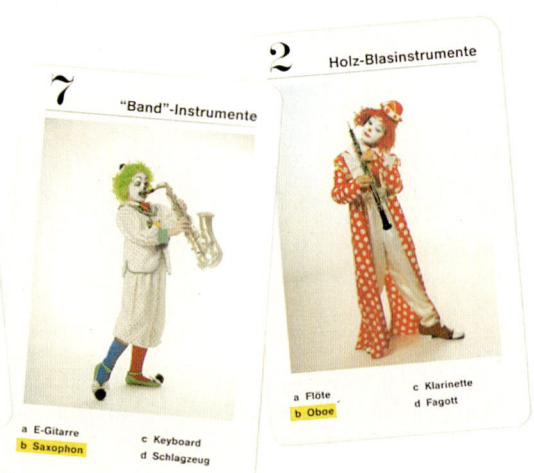

38

Den Fotos der verschiedenen Ensembles werden Musikbeispiele und einzelne Instrumente auf den Quartettkarten zugeordnet. Ihr Klang wird unterschieden.	Jazz-Band: Trompeten, Klarinetten, Saxophone, Tuba, Banjo, Schlagzeug, Baß, Klavier

In dem Musiktitel der Jazz-Band ist die Melodie eines alten Kirchenliedes der Schwarzen zu erkennen. Solche Lieder heißen „Spiritual".

Die Melodie fängt so an:

Der Text erzählt von den Heiligen, die in den Himmel einziehen. Der englische Text heißt:
O when the Saints go marchin' in, then, Lord, let me be in that number.

Diese Gruppe spielt Volksmusik aus Südamerika. Es ist deutlich zu erkennen, welche Instrumente anders und welche ähnlich sind wie bei uns. Im Tonbeispiel wird die Flötenmelodie von Zupfinstrumenten und Trommel begleitet. Neben der Gitarre sind südamerikanische kleine Zupfinstrumente beteiligt. Sie haben z. B. einen Kürbis oder Schildkrötenpanzer als Klangkörper. Die Musiker spielen alle auswendig.

1 Zupfinstrumente
a Gitarre
b Banjo
c Mandoline
d Harfe

2 Holz-Blasinstrumente
a Flöte
b Oboe
c Klarinette
d Fagott

7 "Band"-Instrumente
a E-Gitarre
b Saxophon
c Keyboard
d Schlagzeug

12 Aus fernen Ländern
a Sansa (Afrika)
b Flöte (Boliv.)
c Kamelglock. (Marok.)
d Mundorgel (Asien)

3 Blech-Blasinstrumente
a Trompete
b Horn
c Posaune
d Tuba

Es führt eine Brücke

Ich weiß, wie die Brücke heißt, die nicht aus Stein ist.

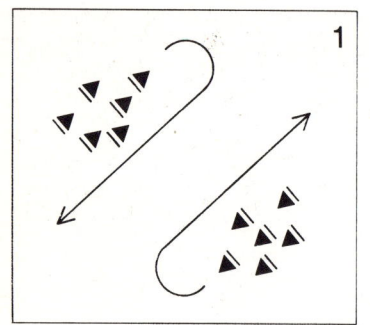

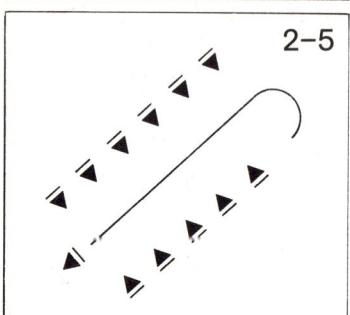

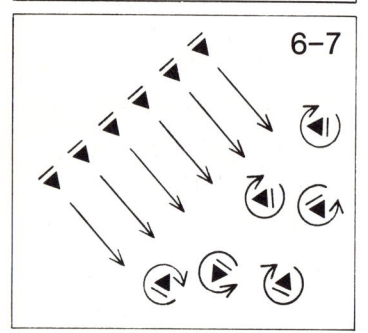

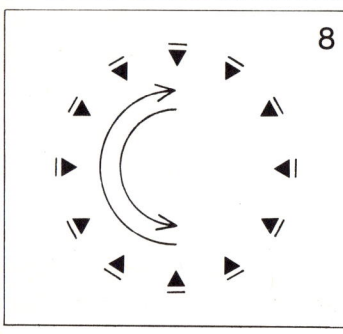

Es geht eine Brücke über den Bach
sie ist gewirket in einer Nacht
kein König hat das je erdacht

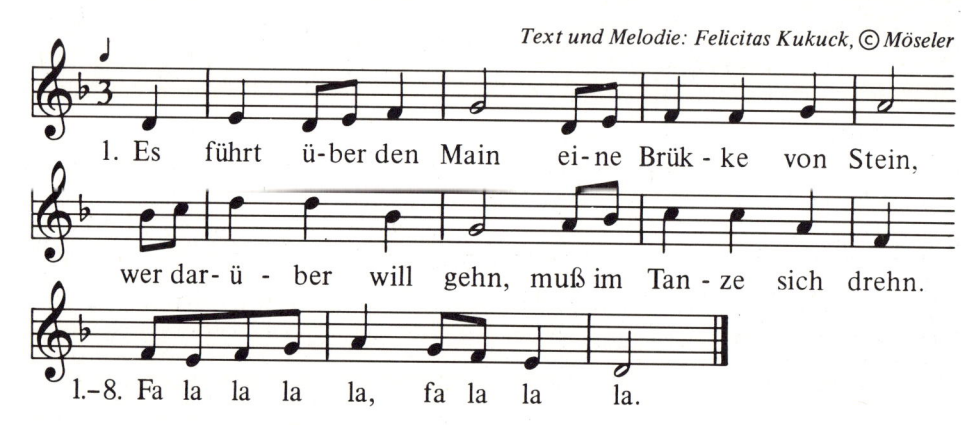

Text und Melodie: Felicitas Kukuck, © Möseler

1. Es führt über den Main eine Brük-ke von Stein,
wer dar-ü-ber will gehn, muß im Tan-ze sich drehn.
1.–8. Fa la la la la, fa la la la.

2. Kommt ein Fuhrmann daher, hat geladen gar schwer,
   seiner Rösser sind drei, und sie tanzen vorbei.

3. Und ein Bursch ohne Schuh und in Lumpen dazu,
   als die Brücke er sah, ei wie tanzte er da.

4. Kommt ein Mädchen allein auf die Brücke von Stein,
   faßt ihr Röckchen geschwind und sie tanzt wie der Wind.

5. Und der König in Person steigt herab von seinem Thron,
   kaum betritt er das Brett, tanzt er gleich Menuett.

6. Liebe Leute, herbei! Schlagt die Brücke entzwei!
   Und sie schwangen das Beil, und sie tanzten derweil.

7. Alle Leute im Land kommen eilig gerannt:
   Bleibt der Brücke doch fern, denn wir tanzen so gern!

8. Es führt über den Main eine Brücke von Stein,
   wir fassen die Händ, und wir tanzen ohn End.

Zwei Melodien werden gesungen, getanzt, gespielt und begleitet. Ein Sprechvers wird gestaltet.	Tanzmusik und Tanzform in zwei Abschnitten: A und B Spielpartitur mit 4 Stimmen

Die Rhône

Melodie: volkstümlich aus Frankreich, Satz: Hermann Große-Jäger, © Klett

A
- Flöte
- Stabspiele
- Pauken oder Klangstäbe
- Triangel

B
- Flöte
- Stabspiele
- Pauken oder Klangstäbe
- Schellenkranz

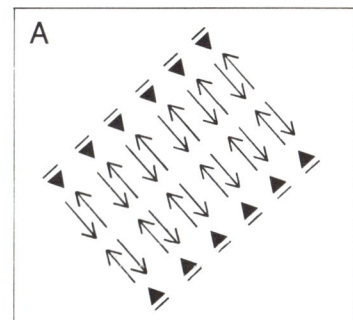

A
4 Schritte zueinander
4 Schritte auseinander

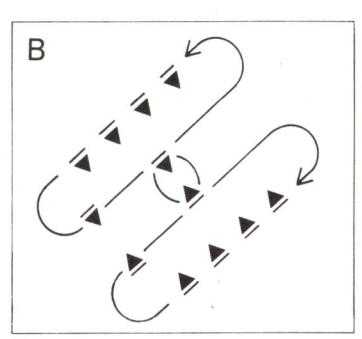

B
im Seitgalopp paarweise durch die Gasse

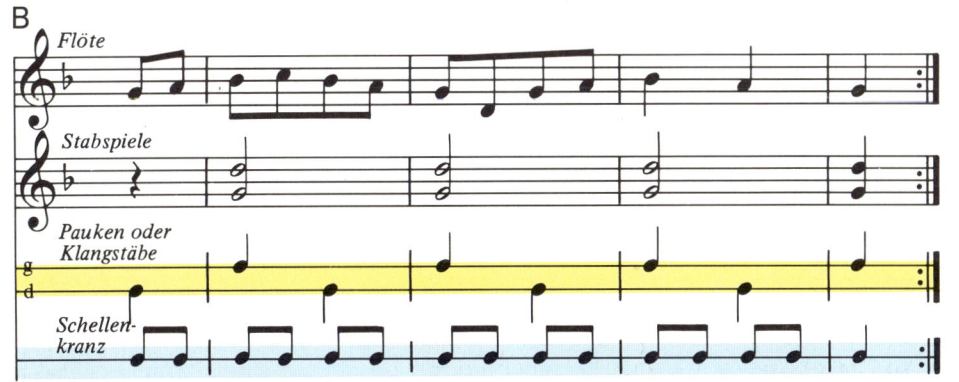

Nehmt Abschied

Ade Grundschule! Goodbye primary school! Arrivederci scuola!

Vorspiel

Auf Wie-der-sehn,
Good-bye, my friends,
Adieu, tous les enfants!
Adieu, tous les parents!
Adieu, les professeurs!

Text: Claus Ludwig Laue, Melodie: volkstümlich aus Schottland, © St. Georgs-Verlag

Nehmt Ab-schied, Brü-der, schließt den Kreis, das Le-ben ist ein Spiel,
und wer es recht zu spie-len weiß, ge-langt ans rech-te Ziel.

Ein Abschiedsfest mit Liedern, Tänzen und Spielen planen. Wie können die Gäste mitmachen?

Dirigent, Taktstock

Zwischenspiel

Bam - bi - ni ciao,
A - dí - o, pe-dhiá,
A - ντί - o, πε - διά
A-diós, a-mi-gos, a-diós!
Kardeşler, hoşça, kal!

Vor- und Zwischenspiel: Willi Gundlach, ©Klett

Der Him - mel wölbt sich ü - bers Land, a - de, auf Wie - der - sehn,
wir ru - hen all in Got - tes Hand, lebt wohl auf Wie - der - sehn.

Lied-
anhang

Vorspiel

Es tö-nen die Lie-der, der Früh-ling kehrt wie-der,
es spie-let der Hir-te auf sei-ner Schal-mei.
Tra - la-la-la-la-la-la-la, tra - la-la-la-la-la-la-la.

Text und Melodie: volkstümlich

Vorspiel, Zwischenspiel und als Begleitung

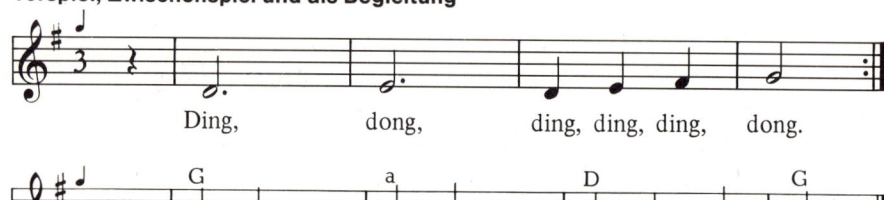

Ding, dong, ding, ding, ding, dong.

1. Im Mär-zen der Bau-er die Röß-lein ein-spannt;
   er setzt sei-ne Fel-der und Wie-sen in-stand.
   Er pflü-get den Bo-den, er eg-get und sät
   und rührt sei-ne Hän-de früh-mor-gens und spät.

2. Die Bäurin, die Mägde, sie dürfen nicht ruhn;
   sie haben im Haus und im Garten zu tun.
   Sie graben und rechen und singen ein Lied;
   sie freun sich, wenn alles schön grünet und blüht.

3. So geht unter Arbeit das Frühjahr vorbei;
   da erntet der Bauer das duftende Heu.
   Er mäht das Getreide, dann drischt er es aus;
   im Winter, da gibt es manch fröhlichen Schmaus.

Textfassung: Walter Hensel,
Melodie: volkstümlich, © Bärenreiter

Vorspiel

Lachend, lachend, lachend, lachend kommt der Sommer über das Feld,
über das Feld kommt er lachend, ha, ha, ha! lachend über das Feld.

Text und Melodie: Cesar Bresgen,
© *Voggenreiter*

Zur Begleitung:

1.–4. Der Sommer, der Sommer, ach Gott, was fang ich an?
1. Man sieht nicht Korn noch Blumen mehr,
und alle Felder stehen leer.
1.–4. Ach Sommer, ach Sommer, ach Sommer, du mußt gahn.

2. Was gestern grün, vergeht geschwind,
und durch die Wälder fährt der Wind.

3. Der Herbstwind hat sich eingestellt,
er jagt die Blätter übers Feld.

4. Die Welt will weißes Kleid anziehn,
die Sonn darf nicht mehr früh aufstehn.

Text: 1. Strophe volkstümlich,
2.–4. Strophe Gottfried Wolters,
© *Möseler*

1. Auf, auf, ihr Wandersleut, zum Wandern kommt die Zeit!
Tut euch nicht lang verweilen, in Gottes Namen reisen!
Das Glück, das laufet immerfort an einen andern Ort.
Das Glück, das laufet immerfort an einen andern Ort.

2. Ihr liebsten Eltern mein,
ich will euch dankbar sein;
die ihr mir habt gegeben
von Gott ein langes Leben,
so gebet mir gleich einer Speis
den Segen auf die Reis.

3. Der Tau vom Himmel fällt,
hell wird das Firmament;
die Vöglein in der Höhe,
wenn sie vom Schlaf aufstehen,
da singen sie mir zu meiner Freud:
lebt wohl, ihr Wandersleut!

Textfassung: Walter Hensel,
Melodie: volkstümlich, © *Bärenreiter,*
Satz: Willi Gundlach, © *Klett*

1. Wachet auf, wachet auf, es krähte der Hahn!
2. Die Sonne betritt ihre goldene Bahn.

Text und Melodie: volkstümlich

Vorspiel

Lachend, lachend, lachend, lachend kommt der Sommer über das Feld,
über das Feld kommt er lachend, ha, ha, ha! lachend über das Feld.

Text und Melodie: Cesar Bresgen,
© Voggenreiter

Zur Begleitung:

1.–4. Der Sommer, der Sommer, ach Gott, was fang ich an?
1. Man sieht nicht Korn noch Blumen mehr, und alle Felder stehen leer.
1.–4. Ach Sommer, ach Sommer, ach Sommer, du mußt gahn.

2. Was gestern grün, vergeht geschwind,
   und durch die Wälder fährt der Wind.

3. Der Herbstwind hat sich eingestellt,
   er jagt die Blätter übers Feld.

4. Die Welt will weißes Kleid anziehn,
   die Sonn darf nicht mehr früh aufstehn.

Text: 1. Strophe volkstümlich,
2.–4. Strophe Gottfried Wolters,
© Möseler

1. Auf, auf, ihr Wandersleut, zum Wandern kommt die Zeit!
Tut euch nicht lang verweilen, in Gottes Namen reisen!
Das Glück, das laufet immerfort an einen andern Ort.
Das Glück, das laufet immerfort an einen andern Ort.

2. Ihr liebsten Eltern mein,
ich will euch dankbar sein;
die ihr mir habt gegeben
von Gott ein langes Leben,
so gebet mir gleich einer Speis
den Segen auf die Reis.

3. Der Tau vom Himmel fällt,
hell wird das Firmament;
die Vöglein in der Höhe,
wenn sie vom Schlaf aufstehen,
da singen sie mir zu meiner Freud:
lebt wohl, ihr Wandersleut!

*Textfassung: Walter Hensel,
Melodie: volkstümlich, © Bärenreiter,
Satz: Willi Gundlach, © Klett*

1. Wachet auf, wachet auf, es krähte der Hahn!
2. Die Sonne betritt ihre goldene Bahn.

Text und Melodie: volkstümlich

1. Wenn die Sonne ihre Strahlen morgens durch das Fenster schießt,
daß sie deine Nase kitzeln, bis du, halb im Schlaf noch, niest,
hat sie eine lange Reise stets schon hinter sich gebracht,
die beginnt, wenn du noch schlummerst, fern im Osten und bei Nacht.
La la la la la la la, la la la la la la la,
la la la la la la la, la la la la la la, la.

Zur Begleitung:

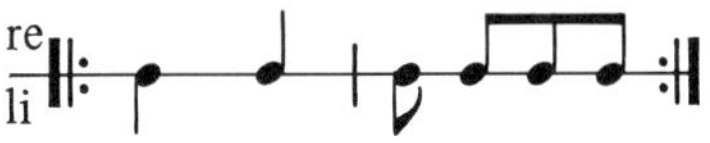

2. Liegst du noch in schönsten Träumen, fängt die Sonnenfahrt schon an,
langsam rollt sie über China, zur Türkei, zum Muselman,
läßt die Mongolei im Rücken, war in Rußland, in Tibet,
sah Arabien und Indien, bis sie hier am Himmel steht.

3. Und gehst du am Abend schlafen, reist sie weiter um die Welt,
klettert westwärts hinterm Walde, hinterm Berge oder Feld,
flugs in einen andern Himmel, den von Kuba und Peru
und weckt dort die Indianer, und die niesen dann wie du.

Text: Eva Rechlin,
Melodie: Heinz Lemmermann,
© Fidula Verlag

Text und Melodie: volkstümlich,
Satz: Willi Gundlach, © *Klett*

Vorspiel

1.–3. Wi - de - le, we - de - le, hin - ter dem Stä - de - le
hält der Bet - tel - mann Hoch - zeit, Hoch - zeit.
Ende

Al - le Tie - re, die We - de - le ha - ben,
sind zur Hoch - zeit kom - men.

von vorn (ohne :||) bis Ende

2. Pfeift das Mäusele,
  tanzt das Läusele,
  schlägt das Igele Trommel.

3. Winden wir's Kränzele,
  tanzen wir's Tänzele,
  lassen wir's Geigele brummen.

Vorspiel (ruhig)

*Textfassung: Barbara Heuschober,
Melodie aus Norwegen,* © *Möseler*

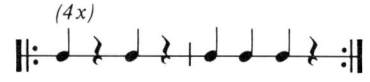

Zur Begleitung:

1. Schickt mich die Mutter, die Hühner zu weiden,
   nehm ich die Rute und treib sie hin aus.
   Doch, o weh, nun sind's nur noch sieben!
   Nun darf ich nimmer nach Hause mich wagen,
   nun darf ich nimmer nach Hause zurück.

   Dort, wo das Gras steht auf sonniger Heiden,
   scharen die Hühner, und ich ruh mich aus.
   Wo ist denn das achte geblieben?

2. Über den Graben da ist es entwichen,
   läuft durch die Wiese und läuft bis zum Teich;
   da kommt der Fuchs aus dem Walde geschlichen,
   schnappt sich das Huhn und verschluckt es sogleich.
   Pack der Teufel dich am Kragen,
   oh, was werd ich der Mutter sagen?
   Nun darf ich nimmer ...

3. Jetzt werd ich Körner zur Mühle hintragen,
   bring einen Sack voller Mehl dann nach Haus,
   und zu der Mutter da werde ich sagen:
   „Koch eine süße Suppe daraus!"
   Sind wir beide dann sattgegessen,
   hat auch die Mutter das Hühnchen vergessen:
   dann darf ich wieder nach Hause mich wagen,
   dann darf ich wieder nach Hause zurück.

Text: Ortfried Pörsel,
Melodie: Heinz Lemmermann,© Eres
Satz: Willi Gundlach,© Klett

Vorspiel (als Kanon gesungen oder gespielt)

Ho - he - de! Ho - he - de! Ho - he - de!

1. An der losen Leine durch Geröll und Steine
   Schwankend rollt der Karren, daß die Räder knarren,
   trottet mein Esel den langen Weg dahin.
   staubig die Beine, doch heiter ist mein Sinn.

1.-3. Hohede! Zieh den bunten Eselskarren!
Hohede! Bring ihn in die Stadt!

2. Will der Fuß ermatten, lockt ein kühler Schatten,
   halten wir unter Olivenbäumen Rast.
   Nur ein wenig nicken, in die Weite blicken,
   schon zieht sich leichter die schwere Karrenlast.

3. Fern im Dunst gelegen kommt die Stadt entgegen,
   flimmert sie schon vor dem blassen, weiten Meer.
   Bis in ihre Mauern kann's nicht lange dauern,
   warm weht der Wind von der Küste zu uns her.

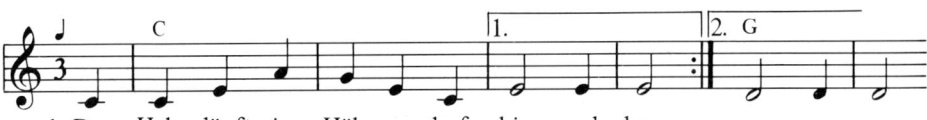

Text und Melodie: Fredrik Vahle,
© Aktive Verlagsgesellschaft mbH

1. Der Hahn läuft im Hühnerhof hin und her
und wünscht sich, daß er da der Größte wär,
und springt auf den Mist und singt:
Ko-ki-du-del-du di du-del di du-del di du-del di du.

Beim Aufzählen Tierstimmen nachmachen

2. Das Huhn scharrt herum auf dem Hühnerhof
und denkt sich, der Hahn ist schön bunt, doch doof,
und **das Huhn** hör ich kakeln …

3. Die Ente, die watschelt am Mist vorbei
und sagt sich, der Kerl legt nicht mal ein Ei,
und **die Ente**, die hör ich …,
und **das Huhn** …

4. Die Katze, die guckt aus dem Kellerloch
und ruft: Ihr vertreibt mir die Mäuse noch,
und **die Katze**, die hör ich …,
und **die Ente** …, und **das Huhn** …

5. Der Hund, der nagt grad einen Knochen ab,
den hat er der Bauersfrau weggeschnappt,
und **den Hund** hör ich bellen …,
und **die Katze** …, und **die Ente** …, und **das Huhn** …

6. Herrje, wie das Schwein wieder grunzt und quiekt,
als hätte ihm wer in den Po gepiekt,
und **das Schwein** hör ich grunzen …,
und **den Hund** …, und **die Katze** …, und **die Ente** …,
und **das Huhn** …

7. Der Goldfisch, der schwimmt im Aquarium
den ganzen Tag nur im Kreis herum,
und **der Goldfisch** der schwimmt und macht …
und **das Schwein** …, und **den Hund** …, und **die Katze** …,
und **die Ente** …, und **das Huhn** …

8. Der Bauer, der ruht sich vorm Fernseher aus,
er hat so viel Arbeit tagein, tagaus,
und schon schläft **er** ein und macht …,
und **der Goldfisch** …, und **das Schwein** …, und **den Hund** …,
und **die Katze** …, und **die Ente** …, und **das Huhn** …

Refrain:
und der Hahn auf dem Mist,
der singt: Kokidudeldu …

und der Hahn auf dem Mist,
der singt: Kokidudeldu …

und der Hahn auf dem Mist,
der singt: Kokidudeldu …

und der Hahn auf dem Mist,
der singt: Kokidudeldu …

und der Hahn auf dem Mist,
der singt: Kokidudeldu …

und der Hahn auf dem Mist,
der singt: Kokidudeldu …

und der Hahn auf dem Mist,
der singt: Kokidudeldu …

gesprochen:
Und eines Nachts, da kam ein
schlauer Igel, der hat jedem Tier
eine Fremdsprache beigebracht.
Dann klang das Lied so:
und den Goldfisch den hör ich:
miau, miau, und das Schwein
hör ich … und den Hund …
und die Katze … und
die Ente … und das Huhn …
und der Hahn …
Und der Bauer vorm Fernseher
singt: Kokidudeldu …

Komponisten und Werkausschnitte

Aus „Morgenstimmung"	von Edvard Grieg
Aus „Forellen-Quintett"	von Franz Schubert
Aus Cembalo-Konzert c-moll	von Johann Sebastian Bach; Bearbeitung von Jacques Loussier
Aus „Der Feuervogel"	von Igor Strawinsky
Aus „Weihnachtsoratorium"	von Johann Sebastian Bach
Aus „Der Messias"	von Georg Friedrich Händel
Sechs Ecossaisen	von Ludwig van Beethoven
„Der Petzer"	von Sergei Slonimsky
Aus „Die Moldau"	von Friedrich Smetana
Aus „Kaiser-Quartett"	von Josef Haydn
„Die Insekten"	von Pierre Henry

Quellenangaben

Lieder

S. 6, Habt ihr schon probiert; TF+Mf: Hans Poser; aus „Der Zündschlüssel", © Fidula Verlag, Boppard.
S. 7, Jedermann im ganzen Lande; Tf: Liselotte Holzmeister aus „Die Zugabe", Bd. 2, © Fidula Verlag, Boppard.
S. 22, Fing mir eine Mücke; Tf: 1. Strophe H. Lüdecke; aus „Das ungarische Volkslied", © W. de Gruyter V., Berlin, 2.+3. Strophe St. Königs/H.P. Lehmann, © Möseler Verlag, Wolfenbüttel.
S. 28, Grüß Gott, du schöner Maien; Tf+Mf: volkstümlich, Vor- + Zwischenspiel, Satz: Willi Gundlach, Originalbeitrag, © Klett Verlag, Stuttgart.
S. 29, Der Winter ist vorüber; Tf: Hans Baumann, Mf: volkstümlich aus der Schweiz, aus „Das singende Jahr", G. Wolters, © Möseler Verlag, Wolfenbüttel.
S. 32, Wenn die Instrumente; Tf: Katharina Kemming, M: volkstümlich, Originalbeitrag, © Klett Verlag, Stuttgart.
S. 40, Es führt über den Main; Tf+Mf: Felicitas Kukuck, aus „Das singende Jahr", © Möseler Verlag, Wolfenbüttel.
S. 41, Tanz: „Die Rhone", M: volkstümlich aus Frankreich, Satz: Große-Jäger, Originalbeitrag, © Klett Verlag, Stuttgart.
S. 42, Nehmt Abschied; Tf: Claus Ludwig Laue, M: volkstümlich aus Schottland, aus „Laute, schlag an", © St.-Georgs-Verlag, Vorspiel, Zwischenspiel: W. Gundlach, © Klett Verlag, Stuttgart.
S. 44, Im Märzen der Bauer; Tf: Walther Hensel, M: volkstümlich, aus „Der singende Quell", © Bärenreiter Verlag, Kassel.
S. 45, Lachend, lachend kommt der Sommer; T+M: Cesar Bresgen, aus „Das Jahresrad", © Voggenreiter Verlag, Bad Godesberg.
S. 46, Auf, auf ihr Wandersleut; Tf: Walther Hensel, M: volkstümlich, aus „Der singende Quell", © Bärenreiter Verlag, Satz: Willi Gundlach, © Klett Verlag, Stuttgart.
S. 47, Wenn die Sonne ihre Strahlen; T: Eva Rechlin, M: Heinz Lemmermann, aus „Die Zugabe", Bd. 3, © Fidula Verlag, Boppard.
S. 48, Widele, wedele; T+M: volkstümlich, Satz: Willi Gundlach, © Klett Verlag, Stuttgart.
S. 49, Schickt mich die Mutter; Tf: Barbara Heuschober, aus „Pro Musica", © Möseler Verlag, Wolfenbüttel.
S. 50, An der losen Leine; T: Ortfried Pörsel, M: Heinz Lemmermann, aus „Rund um den Globus", © Eres Edition, Lilienthal/Bremen, Satz: Willi Gundlach, © Klett Verlag, Stuttgart.
S. 51, Der Hahn läuft im Hühnerhof; T+M: Fredrik Vahle aus „Liederspatz", © Aktive Verlagsgesellschaft mbH.

Gedichte

S. 8, Das Drachenabecech; T: Dieter Brembs, aus „Brembs Tierleben", S. 9, Fund; T: Josef Guggenmos, aus „Gorilla ärgere dich nicht", beide Gedichte © Beltz Verlag, Weinheim.
S. 10, Kommt ein Tag in die Stadt; Hans Adolf Halbey, © Autor.

Fotos und Abbildungen

S. 5, Jugendblasorchester: Gaiser, Bavaria, München; Jagdhornbläser: E. Landschak, Köln; Kirchenkonzert: J. Alexandre, Bavaria, München; Tor-Schrei: R. Binder, Bavaria, München;
S. 10, Sonnenaufgang über der Stadt: Taubenberger, Bavaria, München; Sonnenaufgang in der Natur: Dietrich Eberhardt;
S. 13, Forellenquintett: G. Pichler; Jacques-Loussier-Trio: J.P. Leloir;
S. 18, Geburt und Hirtenverkündung, 12. Jahrh., Walroßbeinrelief, aus „Ikonografie der christlichen Kunst", Mohn, Gütersloh;
S. 26, Karl Joseph Firmian, bis vor einiger Zeit als Portrait des jungen Mozart bezeichnet, Mozart-Museum, Salzburg;
S. 34, Haydns Geburtshaus – Rohrau, Amt der Burgenländischen Landesregierung, Eisenstadt; Haydns Portrait von Schiavonetti, Archiv für Kunst und Geschichte, Berlin;
S. 35, Schloß Esterhazy: Scholz, Bavaria, München; Haydn dirigiert, Österreichische Nationalbibliothek, Wien;
S. 38, Bläser-Quintett: Peter Fuchs, Jugendzupforchester Baden-Württemberg: Alois Becker, Ötigheim;
S. 39, „The Veterinary Street Jazz Band": H.J. Reidel, Grünwald; Gruppe Boliviana: Lazzlo Küster, Gerlingen;
S. 42, Schulfest: „Schulorchester und Luftballons", Dietrich Eberhardt.